医師が今知っておくべき
生涯役立つ
お金の予備知識

株式会社SRコーポレーション
代表取締役
金沢 文史郎

CROSSMEDIA PUBLISHING

はじめに

お手に取っていただきありがとうございます。

本書のような資産運用に関する本をお読みいただだいている医師の皆さんは、日本の将来の社会保障制度や間近に迫る医療業界の変革期に不安や懸念を持ち、国だけに頼らずご自身で何らかの備えをご検討の方が多いかと思います。平均寿命世界2位であり人生100年時代といわれている昨今の日本は、高齢化率世界一であり少子化による人口減少が確実視され、社会構造全体を揺るがす大問題を抱えています。その影響は、もはや対岸の火事ではなく現役世代の国民1人ひとりに及ぶほどになっています。

ただし、その1人ひとりの影響度合いは平等ではなく、大きな差が生じてしまうのです。本書をお手に取られた医師の方であれば既にお気づきのことと思いますが、医師もその代表格といわれています。

本書はタイトルからわかるように、前述の問題から想定される医療業界のサバイバル時代到来、予想される日本の各種動向、それに対応するための知識や具体的手段など、医師が今後も生涯安心を守るために役立つ情報を章ごとにまとめた内容となっています。そのため、多く出版されている**不動産投資の良さをお伝えすることを最大の目的とした書籍とは、コンセプトも内容も大きく異なるもの**となっています。

また、本書の執筆を志すきっかけを与えてくれた弊社顧客の医師3名にも座談会形式の取材でご協力をいただき、その内容を**不動産投資を実践している医師の本音**として、第3章に収録しています。

なぜ医師に不動産投資が向いているのか、どうして不動産投資を実践している医師が増えてきているのか、まずこれらの理由を明らかにするとともに、その背景にある医師ならではの課題を解決するために将来設計をする際の一助としてお役に立てるよう、この1冊にまとめました。是非最後までお付き合いください。

株式会社SRコーポレーション代表取締役　金沢文史郎

第1章 安心して医師を続けるためには何が必要？

第2章 医師が身につけるべき、お金の考え方

第3章 座談会 資産形成に取り組んでいる医師の本音

第4章 なぜ医師に不動産投資が向いているのか

第5章 不動産投資を始める前に知っておくべきポイント

第1章

安心して医師を続けるためには何が必要？

医療業界では今、何が起きているのか

「本当にやりたい医療が、全くできていないんです」

これは、ある大学病院に務める1人の医師の方から聞いた言葉です。

私はこれまで仕事をとおして、多くの勤務医の方、開業医の方とお会いしてきました。

「人の命を救う」という使命を担っている医師は、志の高い人ばかりです。しかし、様々なお話を伺っていると、頑張っても報われない厳しい現実が見えてきました。

「給与が安い」「休みが取れない」「勤務時間が長い」とよく聞きますが、深く考えさせられるのは、冒頭のドクターのような「やりたい医療ができない」という声です。

日本の医療費（年度ごと）の動向推移グラフ

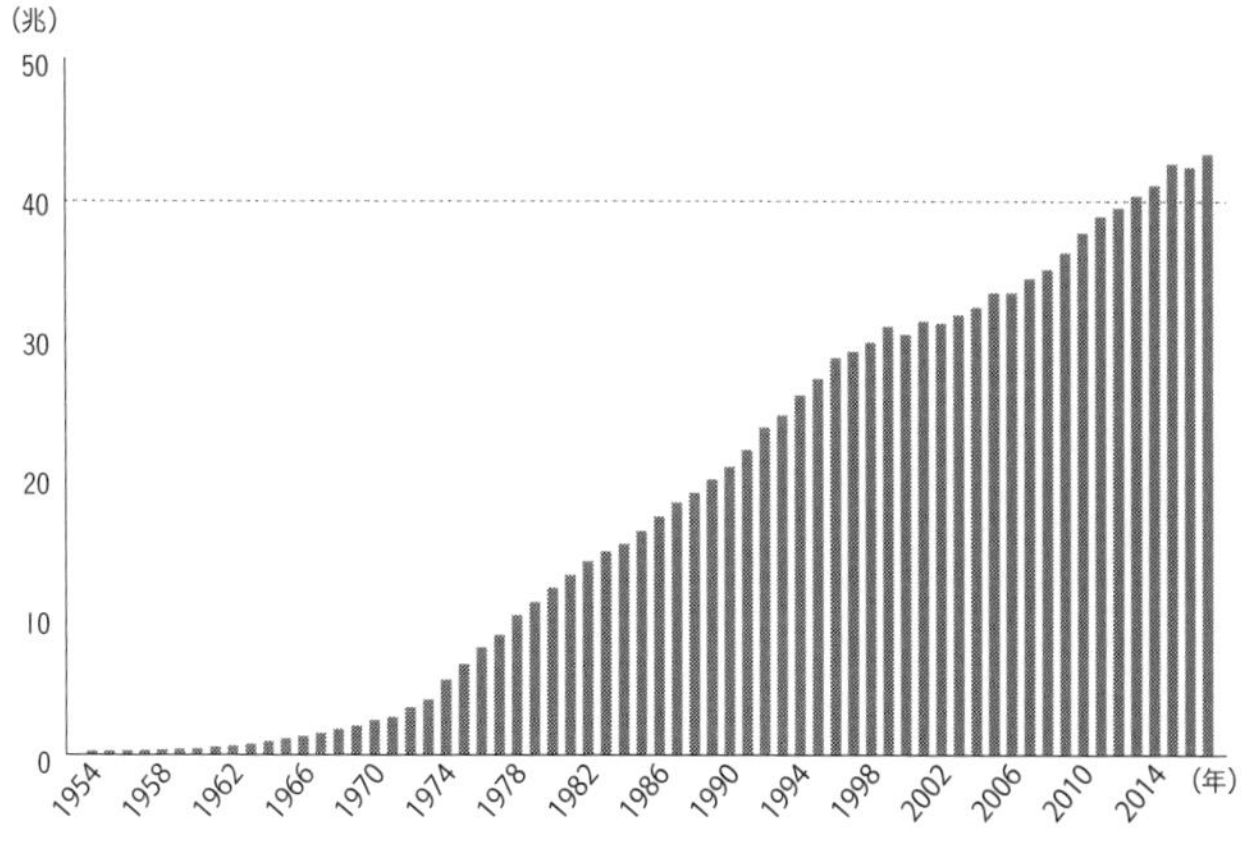

出典：厚生労働省「平成29年度国民医療費の概況」

医師の皆さんは、現場と病院や医局の間で苦労しながら、必死に患者さんの治療をされているのだと思います。ただ、今後さらに状況が悪化することが懸念されています。まずは、そのことについて関連データと考察を見ていきましょう。

２０１８年度の医療費の総額が、概算で42兆６０００億円と発表されました。前年度から約３０００億円増加し、過去最高を2年連続で更新しており、今後も増え続けることが予想されています。

この背景には、日本の人口ピラミッド変化や推移を起因とするいわゆる「2025年問題」[※]があります。今現在、国内最大の課題の1つといっても過言ではないこの2025年問題は、病院経営や現場の医療従事者、医療業界への影響がもっとも大きいとされています。

タイムリミットが近づくにつれ、日本医師会が以前から厚生労働省に状況理解と対策予算確保要望をしている「2025年問題とそれらに対応するあるべき社会保障制度の改革案」の動きが熱を帯びてきているように感じます。ただ、国のほうでの政策や病院側の対策が順当に進んだとしても、各医療機関の人員体制や労働環境、病院経営圧迫に付随する医師個人の業務負担増は避けては通れないと予想されています。

こういった状況が招くものとして、国民皆保険制度の持続可能性に対する不安視があります。ここまでは医師の皆さんにとって周知の事実ですが、社会保障費の削減や財源確保のために、自由診療領域の拡張による医療の2極化や病院側の診療報酬削減

人口ピラミッドの変化

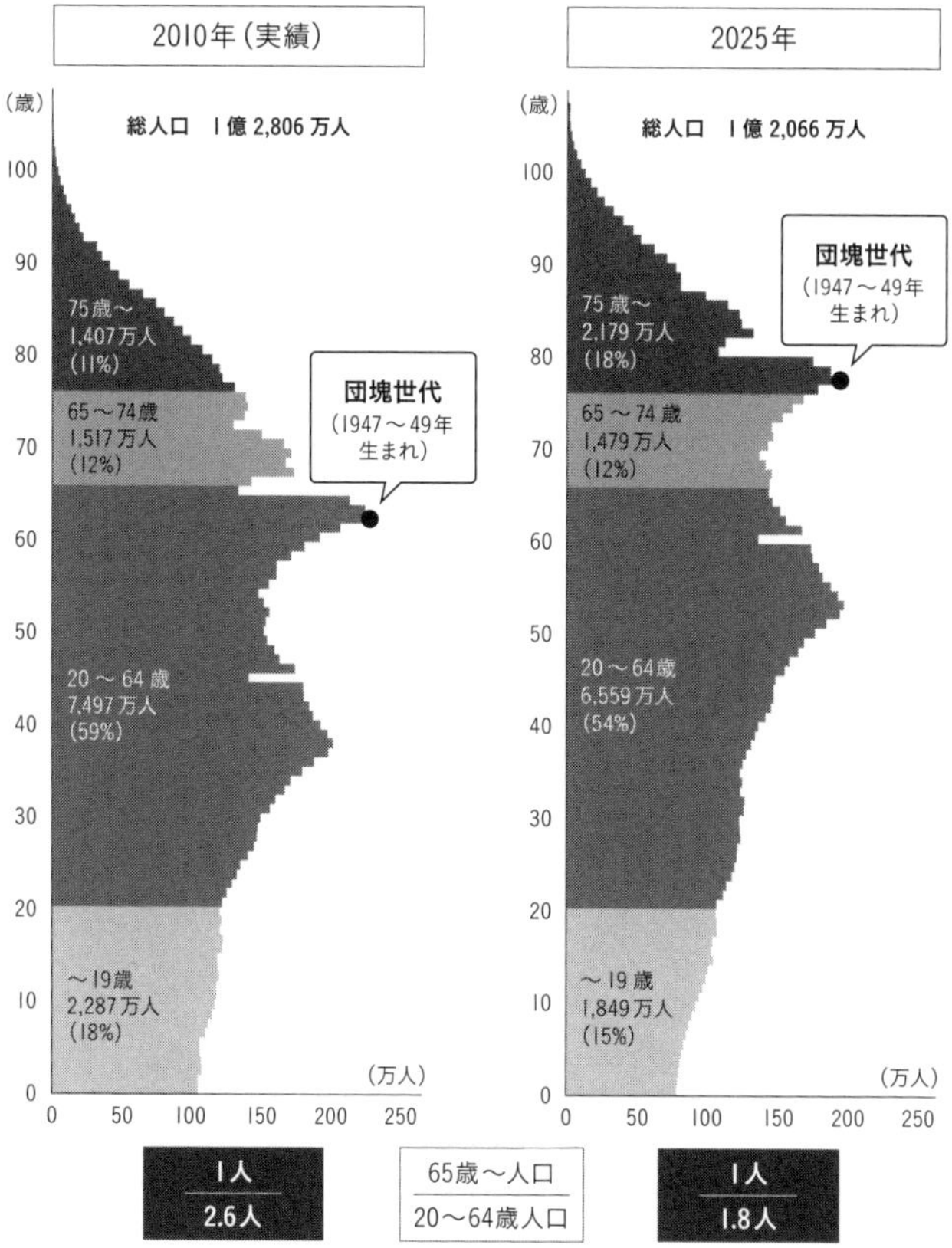

出典：総務省「国勢調査」及び「人口推計」、国立社会保障・人口問題研究所
「日本の将来推計人口（平成24年1月推計）：出生中位・死亡中位推計」より抜粋（各年10月1日現在人口）

など、関連機関での議論が続いています。

医師の皆さんにおいては、病院側の経営が圧迫された場合、一番動かしやすい人件費（医師の給与や報酬）の見直しなどもあり得ることとして捉えられ、「備えの観点から資産形成を検討する」という機運が、勤務医の方々を中心に高まっています。

※2025年問題――ご存じの医師の方も多いので簡単にまとめますと、団塊世代約800万人が一斉に75歳以上の後期高齢者になり超高齢社会現象が深刻化。65～74歳の前期高齢者と後期高齢者を中心とした医療看護患者数の急増に伴い、介護職員と医療従事者が大幅に不足すると予測されている問題。厚生労働省の調査によると、全国で最少6万人～最大で27万人分の人手が不足すると推定されています。

さらに、2020年現在では、「COVID-19（新型コロナウイルス）」の大流行で国際問題にまで発展しています。今後、アウトブレイク、パンデミック防止対策を整えていくため、各種保障を含めた政策予算の見直しも行われるとみて間違いないでしょう。

　また病院経営に関しては、一般社団法人全国公私病院連盟の調査によると、平成30年度「黒字病院比率」（※医業損益）は全体平均で約26・4％しかありません。約10年ほど前から、病院種別で違いはありますが、多くの病院で悪化が続いており、現在も横ばいもしくはマイナスの推移を辿っています。当然、実績を伸ばしている病院もありますが、黒字病院と赤字病院の2極化が加速度的に進んでいます。

　今後、２０２５年問題に直面していくにあたり、赤字経営が続いている市中病院などは、特に不採算部門の統合や経営方針の転換などにより、経営改善を行わざるを得ません。

　こういった変革の多くは、現場の医師にも大きな影響を与えることになるでしょう。

　日本として不可避なビックウェーブ（大きな社会問題）を節目に激変する医療業界の今と今後について、ピックアップしてお伝えしてきました。病院やクリニックの経営者の方はもとより、医師の皆さん１人ひとりの将来に対する不安も現状の不満も以

黒字・赤字病院の数の割合（%）年次推移

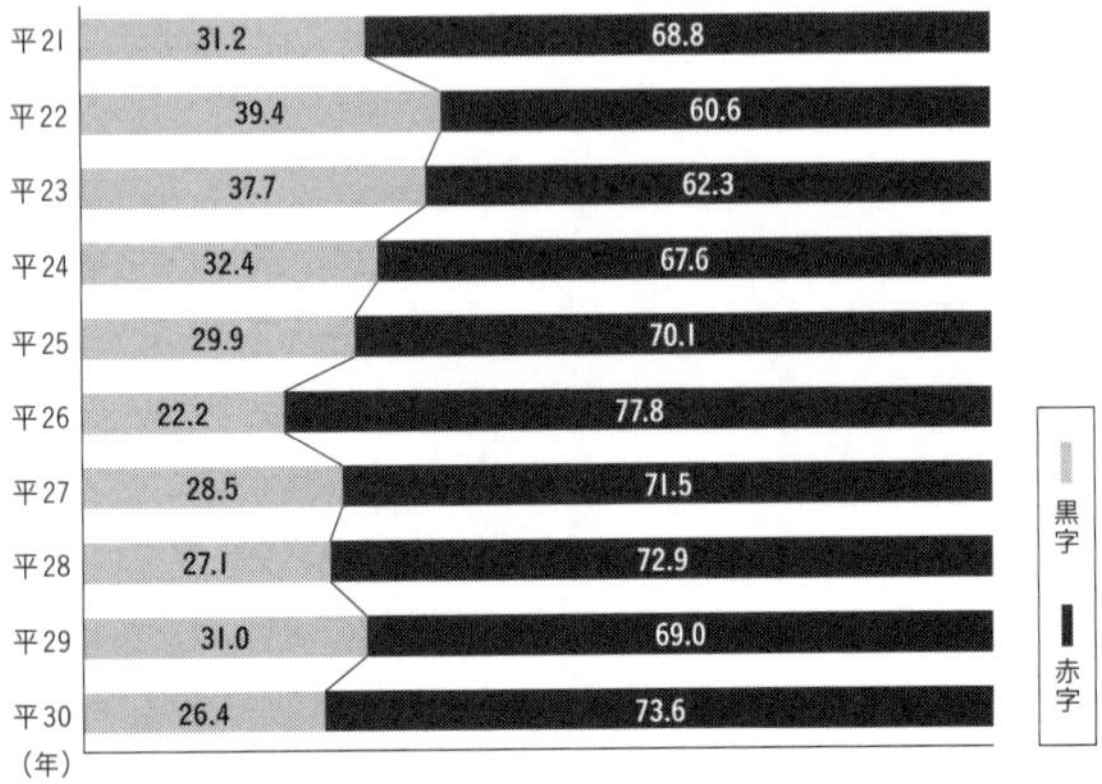

※他会計負担金・補助金等は総収益から控除した。また、6月1カ月分の総費用と総収益の差額により黒字・赤字状況を判別した場合の病院数の割合である。

出典：一般社団法人 全国公私病院連盟「平成30年病院運営実態分析調査の概要」

前より大きくなっているように感じます。

日本政府や医療業界として起死回生の目途がない以上、既によほどの医歴をお持ちの方でなければ、「病院と医師」も「企業とサラリーマン」同様に、これから先まさに「サバイバル時代」を歩いていくことになりそうです。

医師の皆さん個人の将来設計について少し触れましたが、関連する医師のお客さまの特徴的なエピソードがあります。

当時、転職を検討していたある医師の方のお話になりますが、「報酬が減ってもいいので、自宅から通いやすく、業務負担やストレスの少ない病院に転職したい。減額する分、不動産運用の節税で手取り収入を増やして埋め合わせできないか」というご相談がありました。

このように、今と同じ生活水準を保ちながらワークライフバランスを改善するために、資産形成を始める医師の方々も増えてきています。

ただ、医歴社会の医療業界では、大学病院の医局に入れば先端医療のスキルと人脈が得られ、市中病院に行けば診療経験と収入が手に入るといわれているので、キャリアデザインも簡単ではありません。そのような中、いつかは開業、とお考えの方も当然いますし、ご親族が医師で開業している場合、病院を継ぐことを前提に勤務医をされている方もいます。どの道を選択するにしろ、人員の限られた医療現場でより一層業務効率を求められる状況の中、不満やストレスを感じている方もいらっしゃるようです。私の創業当初の時代（約20年前）と比べると、環境が大きく変化してきた分、投資のニーズも変化していることを感じます。

私が医師の方々からお伺いしたお話やエピソードもあわせてご紹介してみましたが、思い当たるところがあったのではないでしょうか。

医師の40％が、週60時間以上働いている

「２０２５年問題」以外にも医療の現場に大きな変化が起きています。働き方改革と新専門医制度です。現在、政府の方針として「働き方改革」が進められています。平成31年３月、厚生労働省が発表した「医師の働き方改革に関する報告書」の一部を引用します。

「我が国の医療は、医師の自己犠牲的な長時間労働により支えられており、危機的な状況にあるという現状認識を共有することが必要である。

医師は、昼夜問わず、患者への対応を求められうる仕事であり、特に、20代、

30代の若い医師を中心に、他職種と比較しても抜きん出た長時間労働の実態にある。（略）

こうした医師の長時間労働は、個々の医療現場における『患者のために』『日本の医療水準向上のために』が積み重なったものではあるが、日本のよい医療を将来にわたって持続させるためには、現状を変えていかなくてはならない」

つまり、他業種に比べて負担の大きい業務を長時間こなしている医師の働き方を見直す必要がある、というわけです。実際にどれだけ医師が長時間労働をしているか、報告書の中に「病院勤務医の週勤務時間の区分割合」という資料が示されています。

○週40時間未満　⬇16・1％
○週40〜50時間　⬇21・0％
○週50〜60時間　⬇23・7％

○週60～70時間　⬇18・4％
○週70～80時間　⬇11・1％
○週80～90時間　⬇5・6％
○週90～100時間　⬇2・5％
○週100時間以上　⬇1・6％

この結果から、医師の40％近くが週60時間以上働いていることがわかります。あなたは、どこに当てはまるでしょうか。

労働基準法第32条では、原則として「1日8時間、週40時間」を超えて労働させてはならないと定められています。36協定（労働基準法36条）を結べば時間外労働もできることになっていますが、それでも上限は月45時間、年間360時間と決められています。

医師はその原則を大きく超えて、長時間働いているのです。医師は、24時間患者さんと向き合わなければなりませんので、当直のような負担の重い時間外労働も増えます。

私は何人もの医師の方とお会いしてきましたが、ほとんどの方が長時間労働について疑問を抱いていないのが不思議でした。医師ならば、それだけ働くのは当たり前という感覚なのです。

それは、親が医師である医学部生の割合は約30％、特に学費の高い私立では50％という数字と関係があるかもしれません。約3人に1人の医師は、親を見ながら育っているので、忙しく働くのは当然という認識をお持ちなのです。

私の知人である当時独身だった医師の方は、年収2500万円以上稼いでいるのに、職場が変わる可能性があるという理由で、家賃5万円台の古い木造アパートに住んでいました。6畳とキッチンだけの、病院の近隣にあるワンルームです。いつも着替えを持って病院に泊まり込んでいたので、月に数回しか部屋に戻らなかったそうです。

一度、自宅にお伺いしましたが、郵便物で一杯になったポストと「部屋は寝るだけで十分だから」と仰っていたのが、今でも印象に残っています。

独身の間であれば問題はなかったのですが、家族ができたタイミングで住み替えたそうです。ただ30代半ばを過ぎると、数年以上積み重ねてきた長時間労働の影響が出てきたと仰っていました。「寝起きの体が重くなった、食べる量が減った、胃が荒れてきた、腰が痛くなってきた、目が悪くなってきた……」など、いわゆる慢性疲労と呼ばれる症状が表れてきたそうです。

医師の皆さんは、自分の体の状態に注意を払いながら働いています。ただ、こうした実態を間近で見ていると、他業種とは働き方改革の重要度も深刻さも違う、ということを感じます。しかし、医師の働き方改革は5年間据え置きとされています。政府は、2024年4月から勤務医の時間外労働を、休日労働込みで960時間以内（およそ週20時間）にすると発表しています。実現すると、働き方のモデルは次のようになります。

時間外労働上限規制の枠組み全体の整理

	36協定で締結できる時間数の上限				
	①通常の時間外労働（休日労働を含まない）	②「臨時的な必要がある場合」の上限 ・月の時間外労働時間数（休日労働を含む）	・年の時間外労働時間数（休日労働を含む）	・年の時間外労働時間数（休日労働を含まない）	③36協定によっても超えられない時間外労働の上限時間（休日労働を含む）
一般則	月45時間以下・年360時間以下	月100時間未満 ※①の月45時間を超えることができる月数は年間６か月以内		年720時間以下	月100時間未満 複数月平均80時間以下
医師の皆さんに適応される規則 診療従事勤務医に2024年度以降適用される水準 連続勤務時間制限＋勤務間インターバル等（努力義務）		月100時間未満（ただし一定の健康確保措置を行った場合には例外あり）	年960時間以下		月100時間未満（ただし一定の健康確保措置を行った場合には例外あり） 年960時間以下
地域医療確保暫定特例水準 連続勤務時間制限＋勤務間インターバル等（義務）			年1,860時間以下		月100時間未満（ただし一定の健康確保措置を行った場合には例外あり） 年1,860時間以下
集中的技能向上水準 連続勤務時間制限＋勤務間インターバル等（義務）			年1,860時間以下		月100時間未満（ただし一定の健康確保措置を行った場合には例外あり） 年1,860時間以下

上記の時間数は、その時間までの労働を強制するものではなく、労使間で合意し、36協定を結べば働くことが可能となる時間であることに留意

- **時間外労働及び休日労働は必要最小限にとどめるべきであることに、労使は十分留意。**
- **36協定の労使協議の場を活用して、労働時間短縮策の話し合いを労使間で行う。**

✓ 36協定上は、日・月・年単位での上限を定める必要あり

✓ 対象労働者の範囲や時間外労働を行う業務の種類等も、36協定上に規定する必要あり

✓「臨時的な必要がある場合」について規定する場合は、健康福祉を確保する措置を36協定に規定し、実施する必要あり

✓「地域医療確保暫定特例水準の適用」や、「月100時間以上の時間外労働」について規定する場合には、追加的健康確保措置について36協定に規定し、実施する必要あり

出典：厚生労働省「医師の働き方改革に関する検討会」

右の図のように、最長勤務が週60時間になると、労働時間は今よりも少なくなります。当然少なくなった分の収入が減ることになるのです。これは医師の働き方改革において、重要な部分だと思います。

ただ、２０２５年問題を控えた今、「そう簡単に働き方改革が病院や医師相手にうまくいくとは思えない」というのが、医師の方の本音ではないでしょうか。しかし、あなた自身の将来に大きく関わることです。働き方改革により、医師の仕事環境がどう変わろうとしていて、収入や福利厚生がどのように変わるのかなど、事前に情報を得ておくことは大切なのではないでしょうか。

専門医制度で、医師は何が変わるのか

勤務医のもう1つの変化は、2018年に導入された新専門医制度です。

本制度は「専門医の質を高め、良質な医療が提供されること」を目的として導入されました。ここでは現場の医師にどのような変化があるのか、に絞ってお伝えしていきます。

賛否両論となっている新専門医制度ですが、まず重要なのは、指導医1人に対して専攻医（後期研修医の名称）は3人までと決められている点です。地方については多少考慮があるようですが、大規模な病院がより多くの研修医を受け入れやすい仕組みになっているのです。初期研修（19領域）が受けられる病院数は1100程度ですが、

サブスペシャリティ領域の研修が受けられる基幹病院は現状で300～400程度です。つまり、現状の1／3まで少なくなった枠に入らなければ、専門医を養成できないのです。そのため、希望する病院に入れない、地方病院の一時的な医師不足を招く、などの可能性が業界内でも指摘されているようです。

さらに女性は妊娠・出産により、取得が難しくなったり、そもそも専門医資格を取得しないケースも出てきたりと、女医としてのキャリアに支障が出てくることも考えられます。

新専門医制度はまだ始まったばかりで、本書をお読みの方は指導医の立場である方も多いかと思いますが、指導医としての負担が今後どうなっていくか、またそれによる報酬面はついてくるのか、自分の病院はどういう方針をとっていく予定か、自分自身のキャリアデザインやワークバランス、報酬面など関係する部分だけでも、しばらくは注視しておいたほうがいいかもしれません。

日本の病院が、壊れ始めている？

医師の皆さんには釈迦に説法になりますが、日本は病院の数が世界で一番多い国です。総務省統計によると、人口1000人当たりの病床数も世界一です。日本（現在約8500）と2位のアメリカ（約5500）には大きな差が開いています。

※病院の定義は各国で定められたもの。日本の場合は、小規模診療所や医院、クリニックを含まない。

しかし、医師の数を人口1000人当たりで見ると日本は2・3人と、OECD加重平均の2・8人より少ないのが現状です。つまり日本の医師は、忙しく働かなければいけない構造になっているのです。ではなぜ、世界一ともいわれる日本の医療が成

主要各国の病院数ランキングトップ10

1	日本
2	米国
3	メキシコ
4	韓国
5	ドイツ
6	フランス
7	イギリス
8	トルコ
9	オーストラリア
10	イタリア

※2017年時点

出典：OECD

り立っているのか。それは、「志を松葉杖にした医師たちの血肉を削る努力」に支えられているからに他なりません。「責任感があって真面目」な医師の方々が、日本の医療を支えています。ただ、それが長く続かない状況であることは、医療従事者ではない私の目にも明らかです。

これから約20年、医療業界は爆発的に加速していく深刻な課題を抱え、医療従事者全体への更なる負担増大が予想されます。

さらに、２０１９年９月、厚生労

主要各国の「人口1,000人あたりの医師の数」

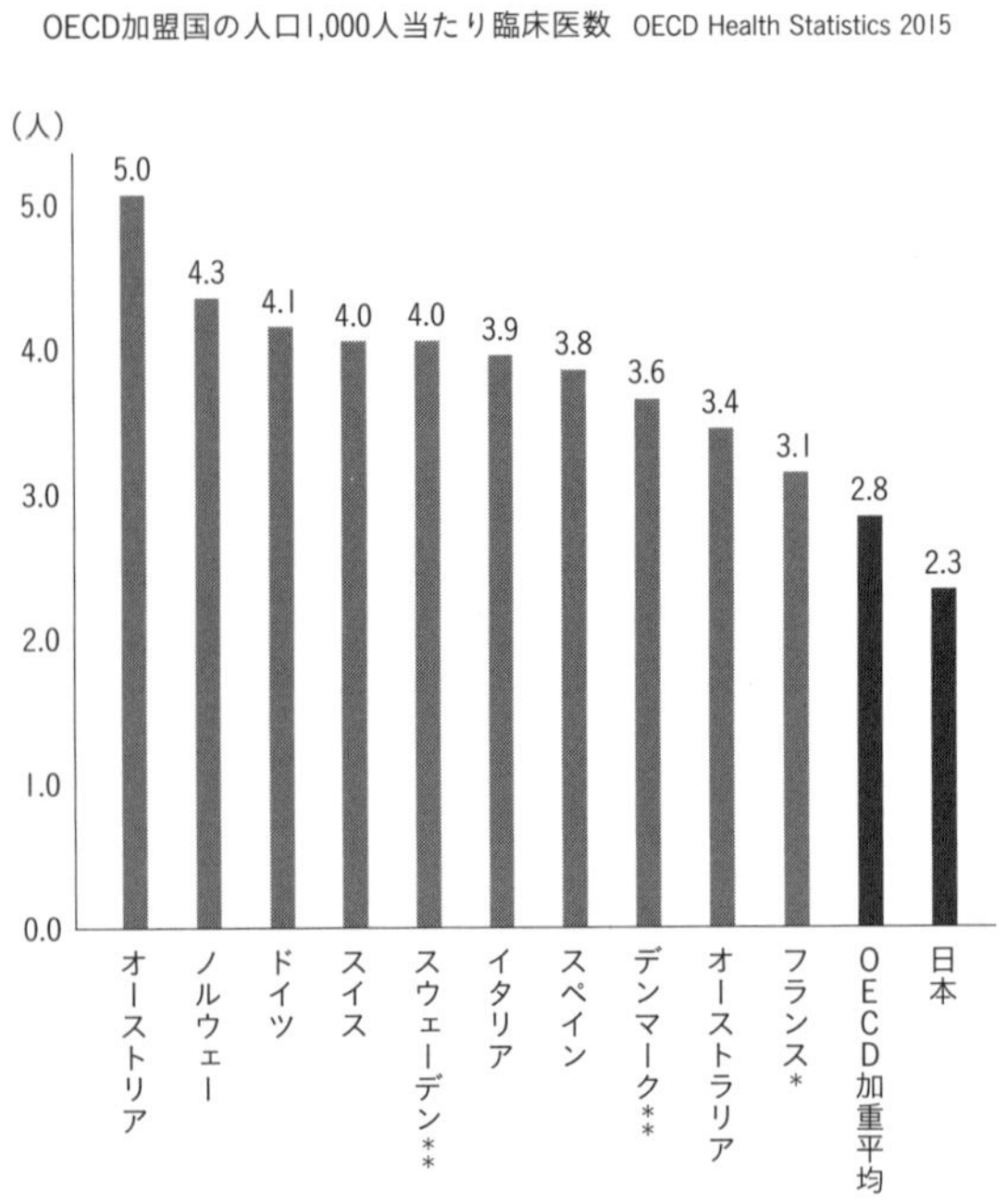

※1「OECD加重平均」とは、加盟国の全医師数を加盟国の全人口（各国における医師数掲載年と同一年の人口）で除した数に1,000を乗じた値。

※2 *の国は2014年のデータ、**の国は2012年のデータ、それ以外は2013年のデータ。

※3 オーストラリアは推計値。

出典：OECD Health Statistics 2015

働省が「再編統合について特に必要」な自治体病院や日赤病院など424の病院名を公表しました。特に病院の再編統合は、勤務医の職場に大きな影響を与える可能性があります。病院が再編統合されて一番困るのは今まで利用していた地域の人々ですが、職場がなくなってしまう医師にとっても深刻な問題です。

『週刊東洋経済』2020年1月11日号の「病院が壊れる」という特集には、次のように記載されています。

「病院をめぐる状況は厳しい。ほとんどの公立病院は自治体からの赤字補填で支えられており、総額は年間約8000億円。人口減少で税収が細る中、これまでどおりの補填を続けることは容易ではない。また民間病院の経営破綻も相次いでいる」

医療機関の倒産件数推移グラフ

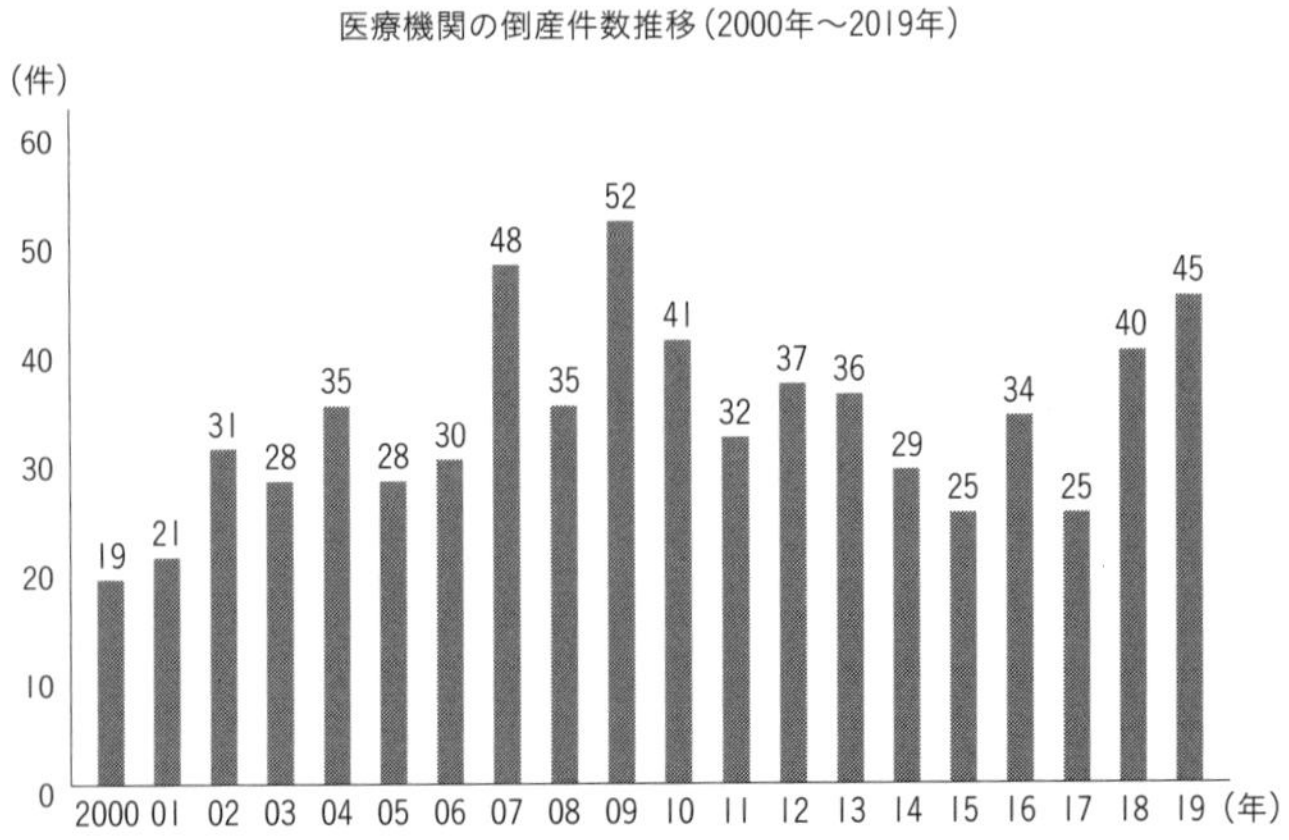

出典：株式会社帝国データバンク 医療機関の倒産動向調査（2019年）

上の倒産件数推移グラフを見ると、リーマンショックが起きた２００９年以来、右肩下がりだった倒産件数も２０１８年から大きく増加しており、病院も本格的にサバイバル時代に突入しているといっていいでしょう。

またこのような状況に伴い、医師のキャリアも変化しています。ここ数年は特に大学の医局を好まず地方の市中病院勤務を希望する医師も少なくないと聞きます。もちろん、キャリアデザインとして強力な武器である人脈形成や先進医療技術の習得ができる大学病院の医局を好む医師も当然多いですが、一方で医局での処世術や体育会系組織への気疲れも比較的少なく、人材確保のために比較的高給で自分で時間をコントロールして診療経験を積みやすい地方の市中病院を希望する医師も増えているようです。私が簡単に一長一短だとはいい切れませんが、今の時代、先述した新専門医制度や日本の深刻な医療業界事情も相まって医師のキャリアデザインも多様化しつつあるのかもしれません。

これから間もなく訪れる「病院と医師のサバイバル時代」を、１人の医師として生きていかれる皆さんが、自身の将来設計や資産形成を希望どおりに叶え、「安心して医師を続けるのに必要なこと」、それはずばり「お金の予備知識」です。

次章で重要な部分だけをピックアップしてお伝えしますが、今後は重要な選択をする際、こういった「お金の予備知識」を活かし、医療業界がどうなろうと十分に対応できるセルフマネジメントを行っていくことが大切です。

「お金の予備知識」を学ぶには

開業にしても、子どもの教育にしても、定年後の生活にしても、全てお金に関わることです。しかし、奥さまに任せきりだったり、まだ何もお考えでなかったり、忙しくて手がつけられていない方が多いように見受けられます。毎月100～200万円の収入があっても、貯蓄が驚くほど少ない医師が大勢いらっしゃるのです。将来のために無駄使いせず節約しているはずなのに貯まらない、というのも私がよく受ける相談です。

では、どうすればお金が貯まり、資産形成ができるのでしょうか。それは、「お金の予備知識」を身につけることです。まずは自分の収入、支出をよく見直してみましょう。

自分自身のお金のことを把握していくことで、点と点が線になり、線が面、そして「円」になります。収入ではどのくらい所得があるか、手取りはどのくらいか、何にどのくらい引かれているか、他にも、住宅ローン金利は変わっていないか、保険料はどうなっているか、昔に投資してそのままにしてある株式投資や外貨預金はどうなっているかと聞かれた時、即答できないものがいくつかあるのではないでしょうか。しかし、これは決しておかしなことではありません。多忙な医師の仕事をしながら、自らの資産を正確に把握している方は少ないはずです。もし、先ほどの質問に思い当たる部分があった方は、お時間のある時に一度見直してみることから始めましょう。

思わぬ気づきや発見があったり、資産形成の重要性にも目覚めるかもしれません。

次章では、具体的に今医師が知るべきお金の予備知識を3つのポイントにピックアップしてご説明いたします。

第2章

医師が身につけるべき、お金の考え方

高所得でも、貯蓄が進まない医師の方々

前章でも述べたように、年収1000万円や2000万円を超える高所得の方々の中でも、特に医師は貯蓄額が少ないといわれています。今まで多くの医師の方々からお話を伺ってきた傾向から考えると、仕事が多忙であることに加え、医療技術の習得や研究に時間を割いていることが、一般のサラリーマンと比較して「お金に無頓着」になってしまう要因なのではないかと感じています。

もちろん無頓着といっても、お金がいらないと考えている医師は1人もいないでしょう。ただ、お金の知識や危機意識が希薄で「気にはなっているが、調べたり考えたりしている時間がない」という方が多いのです。

また、アルバイトを掛け持ちされている方は、毎年の確定申告時にその多額の納税額に憤りを感じたことや、気落ちした経験があるのではないでしょうか。

仮に、年収2500万円の医師が節税対策に取り組んでいない場合、住民税を合わせた納税額は年間だけでも700～800万円前後、5年で3500～4000万円程度と新築一戸建てがキャッシュで買えるほどの金額を納税している計算になります。節税対策をするかしないかで、たった5年でも数百万から数千万の預金額の差が生まれるのですが、そのノウハウを知らないために、ふるさと納税や住宅ローン控除（住宅借入金等特別控除）など一般的なものに留まっている方も多いのです。

また、平成26年の日本医師会男女共同参画委員会が、全国20～60歳代の医師約7000名から回答を得た調査によると、医師の配偶者の62％が専業主婦です。そのようなご家庭の場合、家計や資産管理や貯蓄について、どうしても奥さんに任せることになります。奥さんが、元銀行員や元金融系の職種に勤めていたなど、マネーリテラシーがあれば資産形成や資産運用も上手にできるかと思いますが、そうではない方が大多数でしょう。

私が以前お会いした医師の中から、1つのケースを紹介します。北海道で勤務医として働いている50歳の医師で、家族構成は専業主婦の奥さんと子どもが2人です。地方の市中病院勤務で、年収は毎年約4000万円。自宅は8000万円ほどの邸宅を購入していましたが、投資は何もやっていませんでした。話を聞くと所得税と住民税を引いて毎月180~200万円前後の手取り収入がありましたが、貯金が300万円ほどしかないのです。ライフプランニングを行うため、毎月の支出を明確にして計画を立て直しましょう、とご提案しても「具体的なことは何もわからない」と仰います。

そこで奥さんを交えてお話しさせていただくと、住宅ローン返済や子どもの学費、生命保険料を始め、部下との交際費、定期的なご家族への高価なプレゼント代や年3回ほどの旅行費など、様々な支出があることがわかりました。加えて、毎月多額の収入があるので奥さんのほうでも、家具や身の回りの私物など生活水準が上がり、徐々に支出が増えてしまったそうです。このご家族のケースは、額面での年収と実際の手取りに大きな乖離があるため、お金の使い方を誤り、思ったより貯蓄を残せていない事例です。

ここで誤解を恐れずお伝えしますが、私は計画的に貯蓄を進めるためには、「浪費でも節約でもなく投資すべき」だと考えています。今後、生活水準を下げて節約をしても、おそらく満足されるほど、お金は増えていきません。その理由は、一言でいえば「日本では意図的にそういう仕組みになっている」からです。

詳細は次の「医師のためのマネーリテラシー」で3つのポイントに絞ってご説明をしますが、この予備知識を持っているかいないかだけで、生涯の資産額が大きく変わるといっても過言ではありません。ご興味のある方はこれを機に是非ご参考にしてください。暗記する必要は当然ありませんが、ポイントだけは押さえておきましょう。

医師のためのマネーリテラシー①

税金

医師が知っておくべきマネーリテラシーの1つ目は、税金についてです。最初に大切なことを申し上げておきますが、ここでお伝えしたいことは「税金を納めないようにしましょう」ということではなく、「高所得者としての現状を知り、上手な納税をしましょう」ということです。これは似て非なるものです。高所得者が上手な納税をするためには、納税額（所得税・住民税など）を決定する「申告納税制度」と「累進課税制度」を知っておく必要があります。

聞いたことがある、何となく知っている、という方も多いかもしれませんが、しっかり理解度を深めておきましょう。少し遠回りに感じるかもしれませんが、全体像を理解することが一番の近道ですので、お付き合いください。

まず、「申告納税制度」についてご説明します。日本では１９４７年から導入され、現在もこの制度が適応されています。これは、個人が国へ支払う税額を制度に基づき自ら申告することにより、納税額を確定させる制度です。医師の皆さんであれば、毎年確定申告書を作成し、税務署へ各自提出されているので、既にご存じの方も多いかもしれません。

また、税金の中には、自動車税や固定資産税のように納税通知書が届き、ただそれを支払う形式の税金もあります。これが「賦課課税制度《ふかかぜいせいど》」です。同じ税金でも「自分で納税額を確定して払う税金」と、「国が予め決定して支払いを課す税金」の２種類が存在するのです。

勘の鋭い方はここでお気づきかもしれませんが、一番高い所得税・住民税は、毎年確定申告で「自ら納税額を決めて納税する裁量権を国から認められてる」ということです。

つまり、納税公平性、民主性の観点から適正な範囲内であれば、自身の裁量で節税対策を行っていいという形に今はなっている訳です。これは紆余曲折を経た、今の国の答えです。

国の財源確保のため所得税制度が導入された1887年から60年間は、所得税も実は自動車税や固定資産税と同じく「賦課課税制度」によって、節税の余地が一切ありませんでした。今となっては恐ろしい話です。

ただ、節税対策をまだ何もしていないのであれば、当然容赦なく重税が課されますので、国が認める「上手な納税」を活用しながら、どうしたらお金が貯まりやすくなるかを検討してみましょう。

続いて、「累進課税制度」についてご説明します。収入や遺産の多い人ほど、より高い割合の所得税や相続税が課される仕組みのことです。

この累進課税制度の対象となる税金の代表的なものとしては、個人の1年間の所得に課税される「所得税」、所得控除後の課税所得に対して課税される「住民税」、亡くなった人から財産を相続した時に課税される「相続税」、贈与を受けた人に課税される「贈与税」などがあります。

日本の所得税は、「世帯単位ではなく個人単位での累進課税制度」を採用しているので、皆さんご存じのとおり所得が多い人ほど税率が跳ね上がっていく仕組みで、高額所得になればなるほど、何も対策をしなければ毎年納める税金が高額になります。

現在の所得税の税率は、次ページの図のように7段階に分けられております。住民税は２００７年度から一律10％となっており、これを含めた最高税率55％となっています。

※２０３７年までは、復興特別所得税が課されるので、正確には55・９４５％。東日本大震災被害の復興施策財源確保のために新たに課されている税金です。

所得税率の早見表

設定条件：独身、社会保険料控除額は年収から概算、生命保険料控除額は含まない

課税される所得金額	税率	控除額
195万円以下	5%	0円
195万円を超え 330万円以下	10%	97,500円
330万円を超え 695万円以下	20%	427,500円
695万円を超え 900万円以下	23%	636,000円
900万円を超え 1,800万円以下	33%	1,536,000円
1,800万を超え 4,000万円以下	40%	2,796,000円
4,000万円超	45%	4,796,000円

出典：国税庁

納税額の早見表（サンプルケース）

設定条件：独身、社会保険料控除額は年収から概算、生命保険料控除額は含まない

A	B	C	D	E	F	G
所得年収	給与所得控除後の金額	所得控除（社保+生保+基礎）	課税所得額（B-C）	所得税額の計算	所得税納税額／年	納税額／年（住民税含）
500万円	356万円	118万円	238万円	238万円 ×10%-97,500	140,500円	383,500円
800万円	610万円	161万円	449万円	449万円 ×20%-427,500	470,500円	924,500円
1000万円	805万円	189万円	616万円	616万円 ×20%-427,500	804,500円	1,425,500円
1500万円	1305万円	259万円	1046万円	1046万円 ×33%-1,536,000	1,915,800円	2,966,800円
2000万円	1805万円	329万円	1475万円	1475万円 ×33%-1,536,000	3,331,500円	4,811,500円
2500万円	2305万円	389万円	1915万円	1915万円 ×40%-2,796,000	4,864,000円	6,785,000円
3000万円	2805万円	461万円	2344万円	2344万円 ×40%-2,796,000	6,580,000円	8,929,000円
4000万円	3805万円	603万円	3202万円	3202万円 ×40%-2,796,000	10,012,000円	13,219,000円

当社調べ

ここまでは、自分で納税額を決める「申告納税制度」によって、「累進課税制度」の税率や控除額に基づき、「税金を納める仕組み」という観点で見てきました。

年収が高ければ納める税金も「比例して増えて当然」だと思われる方もいるかもしれません。しかし、「それぞれ年収別に何割を所得税や住民税として納めているか」という視点で見てみると、累進課税制度という制度の特徴をより理解できます。

次ページの所得税額が年収を占める割合でみると、「税金の増え方が比例していない」ことがおわかりいただけると思います。

例えば、年収500万円の方の「所得税額」が占める割合2・81％と年収1000万円の方の所得税額が占める割合8・04％とで約6倍、年収2500万円の方の割合19・45％とでは約35倍、年収4000万円の方とでは実に約71倍もの開きがあります。

仮に、年収500万円の方と年収2500万円の方とを比較した時、年収が5倍ですから2500万円の方の所得税額が占める割合も当然500万円の方の5倍である、

年収別　所得税納税額が年収を占める割合一覧

設定条件：独身、社会保険料控除額は年収から概算、生命保険料控除額は含まない

年収	所得税額	対年収の割合	住民税割合
500万円	140,500円	2.81%	4.86%
800万円	470,500円	5.88%	5.67%
1000万円	804,500円	8.04%	6.21%
1500万円	1,915,800円	12.77%	7.00%
2000万円	3,331,500円	16.65%	7.40%
2500万円	4,864,000円	19.45%	7.68%
3000万円	6,580,000円	21.93%	7.83%
4000万円	10,012,000円	25.03%	8.01%

当社調べ

こうであるなら、先ほどのお話で出た「年収が高ければ納める税金も比例して増えて当然」で間違いではないでしょう。しかし、前記の例では35倍、どの例で比較しても正比例しません。

国の財源確保の仕組みとして、どの年収所得者層にどのくらいのお金を負担してもらおうとしているかが一目瞭然だと思います。

高所得者の方々に多くの負担が課せられる仕組みですので、資産運用や節税対策などを積極的に行ってい

所得税納税率割合

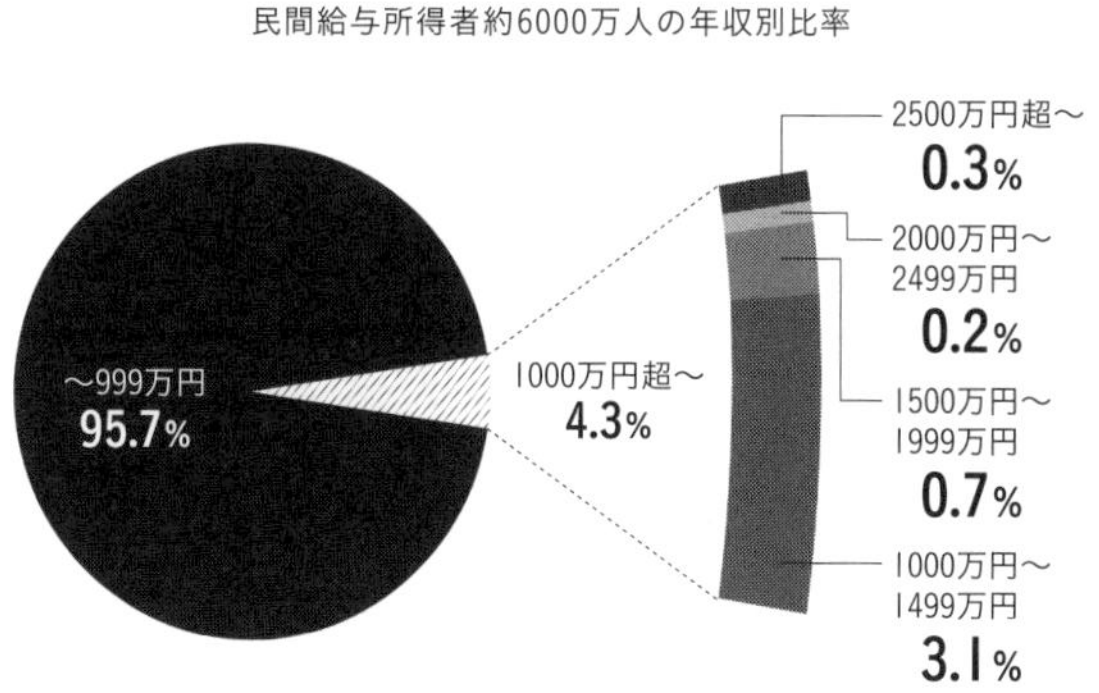

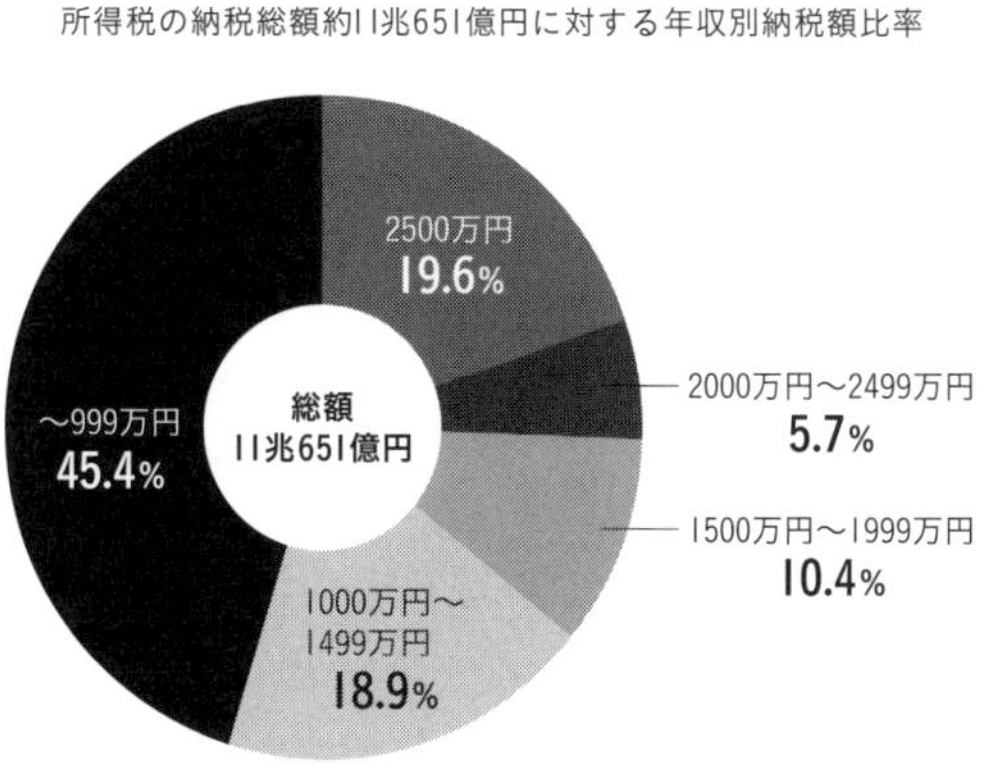

国税庁「平成30年分民間給与実態統計調査結果より作成

ない場合は、どうしても貯まりづらい状況になってしまうのです。

ただし、これだけでは高所得者の方を中心に公平性や民主性に難があるため、現状の税制では今のように個人で節税が可能な大きな裁量を設けているのです。遠回りとなりましたが、これが医師の皆さんのような高所得者の方が押さえておくべき累進課税制度の一番大切な本質です。

今でも重税感のある所得税ですが、今後も高所得者層を対象にさらに上がっていくことが予想されています。その理由は、第1章でお話しした深刻化していく少子・高齢化問題です。人口減少により財源が減少していく中、膨れ上がり続ける社会保障費は、年間30兆円にも及ぶ国債発行（借金）をしても補えません。今まで補填すべき財源を、取れるところからさらに徴収するという形で確保してきた経緯を考えると、今後の動きは想像に難くないでしょう。

社会保障費用統計グラフ

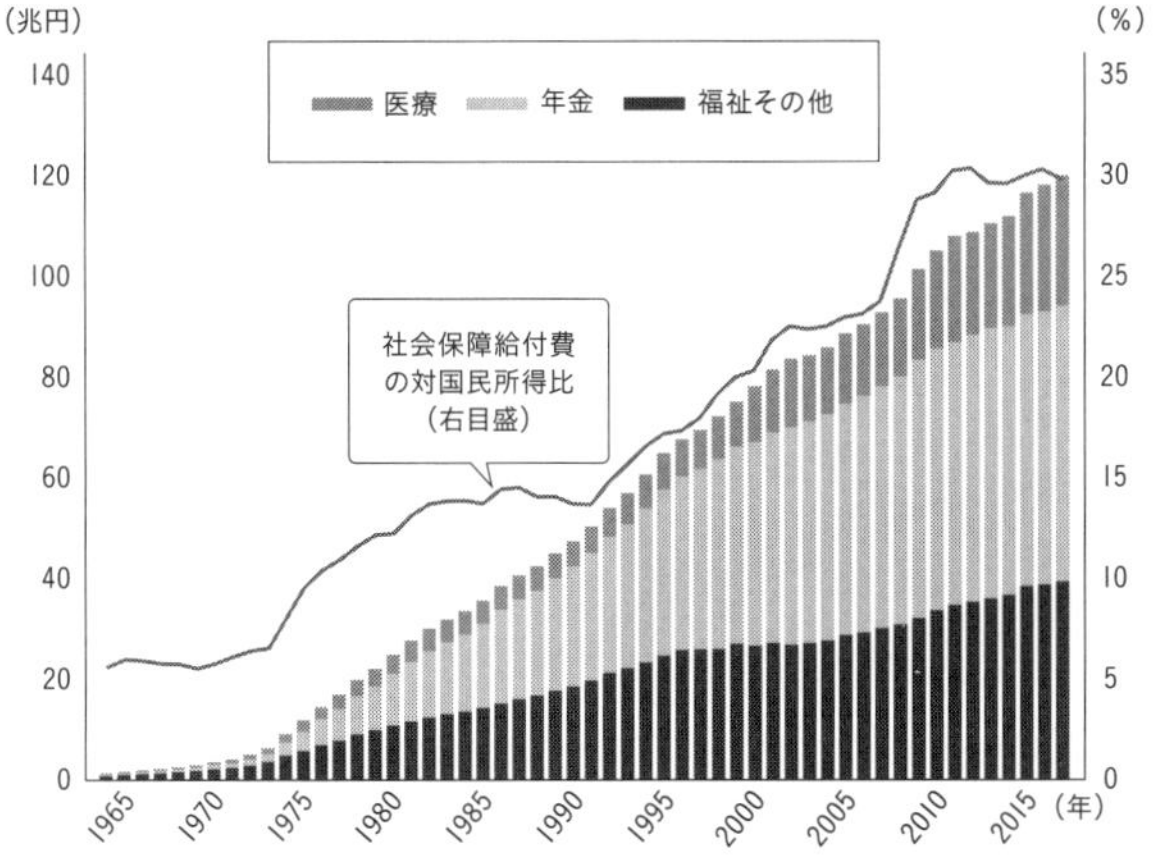

出典：国立社会保障・人口問題研究所「社会保障費用統計」（平成29年度）

所得税の税率が段階的に引き上げられ、たった20年足らずで年間所得税負担額が約３００万円増えている。時代が少し違うだけで同じ年収の方が年間３００万円増税になっているというのは、改めて見ると驚くべき事実です。

今までの歴史やデータも振り返りながらお話ししてきましたが、今後さらに高所得者を中心に所得税や住民税の負担額が上がっていく増税時代が間近に迫りつつあることはご理解いただけ

所得税負担額の推移

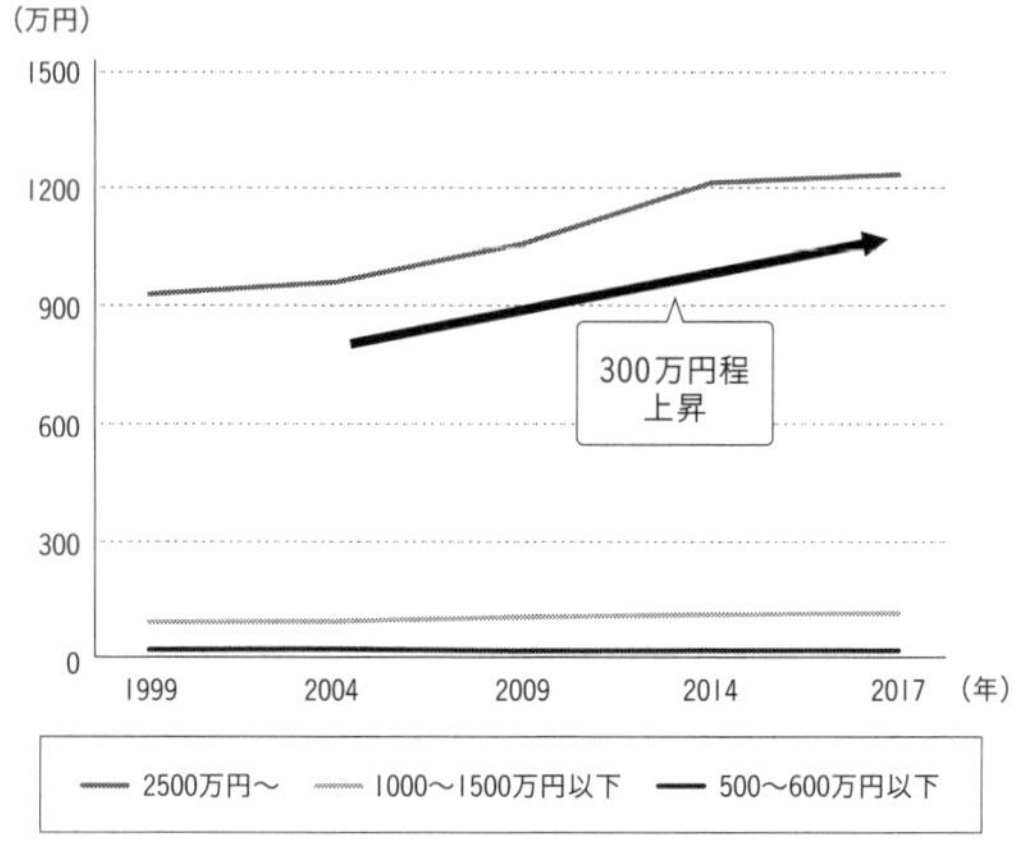

出典：国税庁「民間給与実態統計調査」

たかと思います。そのため、現状で節税対策にお取り組みの方もそうでない方も「今だけを考えた節税対策」ではなく、今後も見据え、少なくとも「中期的な節税対策」を念頭におき、ご検討いただいたほうがいいといえそうです。

では、上手に納税するためには、どのような方法があるのでしょうか。まず、申告納税制度における上手な納税には、大きく分けて2つの方法があります。所得税から控除されるのは「給与所得控除」「扶養控除」「生命保険控除」など馴染深い一般的なものもありますが、今回は申告納税制度における上手な納税方法の具体的な部分を、ピックアップしてご紹介します。

１つ目は、合法適正な範囲や条件において、計算された結果の納税予定額を「直接減税する」方法。身近で代表的なものでは、住宅ローン控除（住宅借入金等特別控除）があります。

「住宅ローン控除（減税）」は、既に行っていらっしゃる方も多いのではないでしょうか。具体的な説明は割愛しますが、年収が３０００万円以下の方を対象に適用条件を満たす自宅用の物件を融資で購入した場合、設けられている減税制限範囲内で10年間（消費税増税後の令和元年10月１日以降に引渡しを受けている場合は13年間）に渡り、毎年限度額で40万円まで減税することができます。

これは、シンプルな制度でありながら大きな効果が得られます。ご自宅を融資で購入して住んでいるが、住宅ローン控除（減税）を行っていないという方がいましたら、5年間は遡って申告できますので、なるべく早く申告を行いましょう。

2つ目は、合法適正な範囲や条件において、納税額の計算の基になる「課税所得金額を下げる」方法。身近なものでは、医師の方にとって節税効果が小さい順に「iDeCo」、「ふるさと納税」、「不動産投資」などが挙げられます。前述のとおり、所得から各種控除額を引いた後の「課税所得」が低ければ低いほど、所得税は低くなります。課税所得をコントロールすれば、納める税金を計画的に少なくすることができるのです。（住民税は課税所得の一律10％）

それでは、納税額の基になる課税所得金額を下げる方法を、いくつかご紹介します。

《iDeCo（イデコ）個人型確定拠出年金》

自分でつくる年金制度のことです。加入者が、定期預金・保険・投資信託の中から好きなものを選んで毎月一定の金額を積み立て、その積立金を「60歳以降に」年金もしくは一時金として受け取れるというものです。

積み立ては毎月５０００円から可能で、上限金額は職業別で分かれており毎月１万２０００円から6万８０００円と大きな差があります。もし毎月１万円を積み立てるとすると、１年で12万円、その年間積立金の全額が「課税所得を下げる所得控除の対象」になります。医師の皆さんの課税所得金額で考えれば少し物足りないかもしれませんが、一般的に節税効果がある方法といわれています。実際に自分の掛け金の上限がいくらになるのか、ご興味のある方は、勤務先の担当部署（総務・人事担当など）、開業医の方は顧問の税理士や会計士に確認しておきましょう。

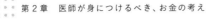

《ふるさと納税》

「ふるさと納税」は、取り組まれている医師の方々も多いのではないでしょうか。詳細な部分は同じく割愛させていただきますが、所得控除のカテゴリーとしては「寄附金控除」です。国税庁のホームページには次のように書かれています。

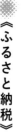

「納税者が国や地方公共団体、特定公益増進法人などに対し、『特定寄附金』を支出した場合には、所得控除を受けることができます。これを寄附金控除といいます」

いわゆる「ふるさと納税」もこの寄附金控除に該当します。寄付の先が、都道府県・市区町村になるからです。ふるさと納税の特徴は、寄付する先は自分の故郷だけではなく、どの都道府県・市町村でもいいことです。寄付金の使い道は各自治体によって異なるため、自分が応援したい自治体に寄付をすることができるのです。私の周りには「なにかのスポーツチームを応援しているようなスポンサー感覚があって面白い」という理由で取り組まれている方々もいらっしゃいます。

また、ふるさと納税を行うと、寄付した自治体から返礼品が送られてきます。様々な返礼品があるので、その中から好きなものを選ぶことができるのも特徴です。

ふるさと納税は、寄付する自治体の数に制限はありませんが、寄附金控除される金額は年収や家族構成によって上限が決められています。この上限を超えると、超過分が自己負担になるので注意が必要です。

総務省の「ふるさと納税のしくみ」によれば、上限額は次のようになっています。

ふるさと納税を行う本人の年収が、

◯１５００万円ならば38万９０００円（家族が夫婦だけの場合、以下同じ）

○2000万円ならば56万4000円
○2500万円ならば84万9000円

つまり、年収2000万円の医師ならば、56万4000円まで寄付ができ、確定申告の寄附金控除としてその金額を所得控除できるというわけです。上限額の金額については あくまで目安となっているため、仕組みの詳細や現在の上限額、返礼品の詳細などにご興味のある方は、寄付を検討している市区町村へご確認してみてください。

《不動産投資（マンション経営）》

主に物件価値の高いワンルームマンションをローンで購入し、家賃収入（他人資本）を活用しながら、老後の安定収入を築く資産形成法です。詳しい仕組みや多様なメリットについては、第4章で具体的にお話ししていきますが、ここでは「上手な納税」

方法としての部分に絞ってご紹介します。

マンション経営に関わる様々な支出や経費は、「帳簿上の赤字」として確定申告で経費計上することができます。計上した経費は、「所得税法第69条 損益通算」により、所得控除されるので、納税額を決める課税所得額を大幅に減額することができます。

国税庁のホームページには次のように書かれています。

「総所得金額、退職所得金額又は山林所得金額を計算する場合において、不動産所得の金額、事業所得の金額、山林所得の金額又は譲渡所得の金額の計算上生じた損失の金額がある時は、政令で定める順序により、これを他の各種所得の金額から控除する。」

実際に所得控除できる金額については、購入物件や件数、その運用方法、ご利用の金融機関などで大きく変わってきます。概算例ですが、１件の運用で年間約１００万円、資産形成に前向きで複数運用されている方々ですと、約400〜800万円かそれ以上の金額を「帳簿上の赤字」の経費として所得控除し、毎年数百万円単位で税金還付を受けている医師の方もいらっしゃいます。もちろん納める金額以上に税還付を受けることはできませんが、もともと高額納税者である医師の皆さんにとっては、相当な節税対策になります。

毎年住宅ローン控除やふるさと納税、イデコなどを上限額一杯に駆使しても、重税感を解消しきれない医師の方々も非常に多いようです。所有物件の数や運用方法によって自身の納税額をある程度コントロールできるマンション経営は、医師のように高所得者向けの節税対策といえるでしょう。

医師のためのマネーリテラシー②　金利

医師が知っておくべきマネーリテラシーの２つ目は、金利についてです。

銀行に普通預金や定期預金の口座を開くと、金利◯％という説明があります。また、住宅ローンでお金を借りる時も、返済金利◯％で返済してください、といわれます。それだけ日常生活に密着した言葉なのですが、そもそも金利とは何かをご存じない方も多いのではないでしょうか。

金融用語の辞典によれば、次のように定義されています。

「資金の貸借において借り手から貸し手に支払われる利息（貸借料）の、貸借された金額（元金）に対する割合」

わかりやすくいえば、お金を借りる側が、借りたお金に追加して支払う金額の割合、それが金利です。銀行預金では、貸し手があなたで銀行が借り手になるので、預金に利息がつきます。住宅ローンでお金を借りると、あなたが借り手になるので、金利の分をあわせて返済することになります。

金利は、一定ではなく様々な要因で変動します。金利が上がる要因としては「景気が良くなる、物価が上がる、円安になる、金融引き締め」などが挙げられます。金利が下がる要因は、反対に「景気が悪くなる、物価が下がる、円高になる、金融緩和」ということになります。とはいえ複数の要因が重なり、景気が悪いのに物価上昇のために金利も上がる、という現象も起こります。

金利についてお伝えしたいポイントとしては、今の金利は決して一定ではなく、その時々の経済情勢によって変動し、個人ではコントロールできないということです。

預金金利の推移

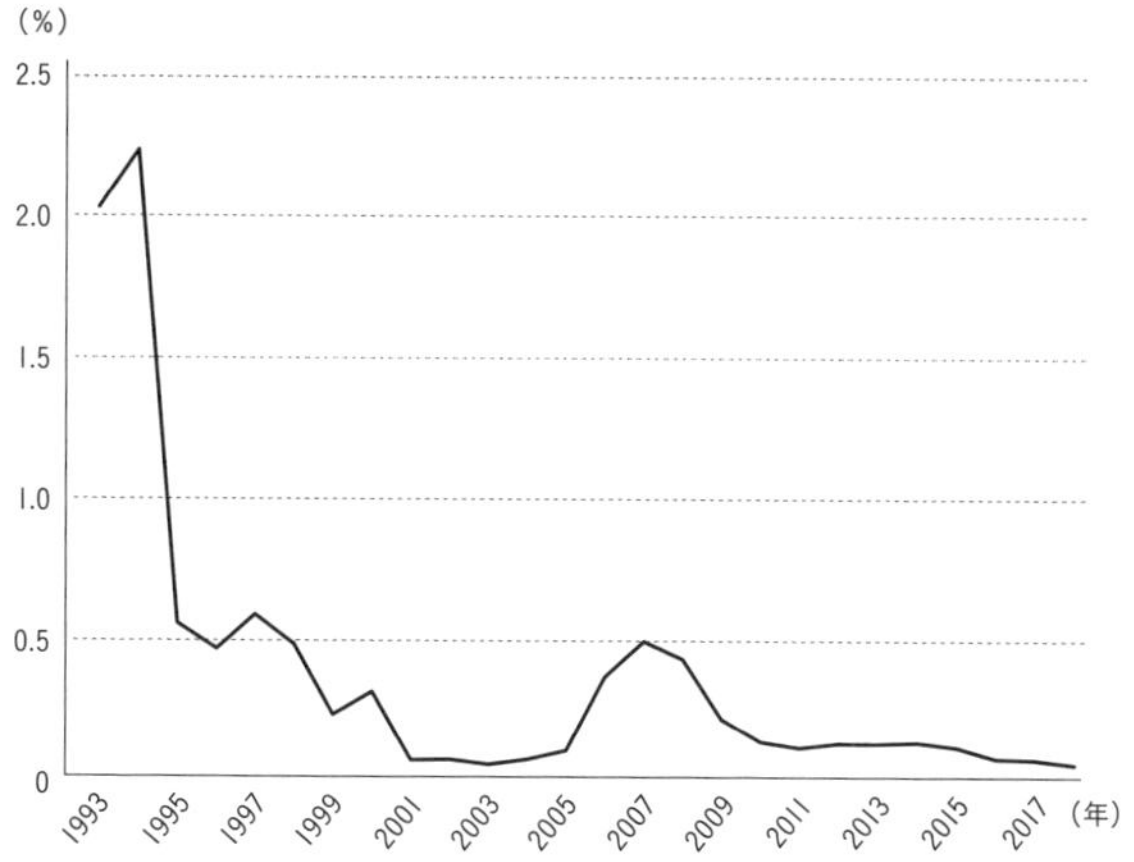

出典：日本銀行「時系列統計データ」金利（預金・貸出関連）より抽出

だからといって、運に任せましょうというつもりはありません。コントロールできないのであれば、過去の傾向を掴んだ上で、今後の予測を立てて、現時点での最適な判断を下すことが大切です。上の預金金利の推移を見ても金利が一定ではなく、変動していることがわかります。

バブル経済絶頂期の1990年には、普通預金の金利は2・08%、定期預金の利率は6・08%ありました。ところが、2000年以降は普通預金の金利はずっと０・１％を下回り、定期預金の金利も１％以下となっています。

１９９０年には、１００万円を普通預金にしたら2万円の利息がついたのに、２０２０年現在はわずか１０００円程度しか利息がつきません。30年前の２万円と今の１０００円とでは、お金の価値が大きく違います。

低金利の状態は今後も続くと予想されていますから、しばらくは銀行に預金をしても資産が増えることはないといえるでしょう。逆に、物価は計画的に上がっていく方針が政府から打ち出されているので、預金しておいたお金の価値が実質的に下がっていくことになります。物価変動については、次の「医師のためのマネーリテラシー③」で詳しくお伝えします。


さらに、住宅ローンの融資を受ける時の金利についても触れておきましょう。住宅ローンの金利は、融資をする銀行がその率を決めるのですが、一定ではなく、銀行によって率が異なります。借りるほうとしては金利が低いほどありがたいのですが、銀

貸出金利の推移

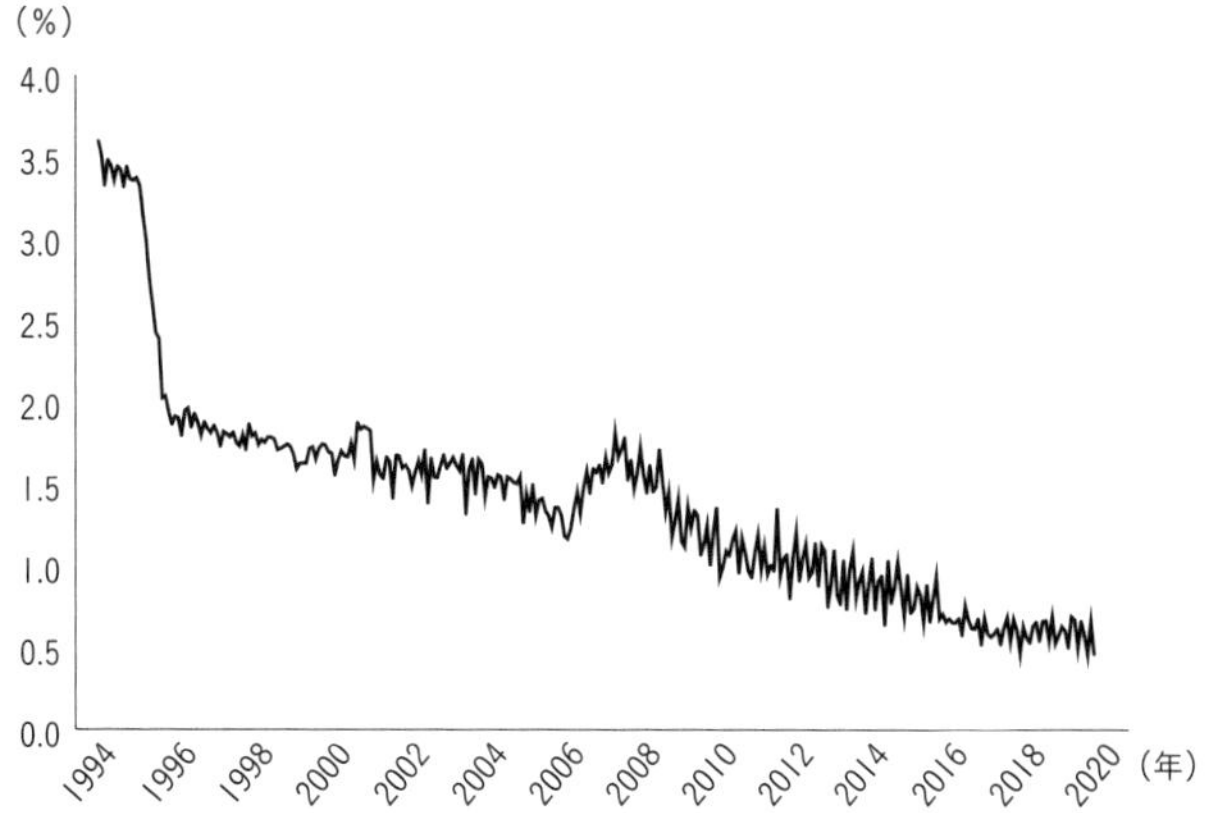

出典：日本銀行「時系列統計データ」金利（預金・貸出関連）より抽出

行側も利益を考えなくてはいけませんから限度があります。そこに銀行同士の競争が生まれます。

上図を見てもわかるように、銀行の貸出金利も２０００年には１・５％を超えていたのに対し、現在では０・４％になっています。貸出金利も預金金利と同じく経済情勢の変化によって変動する、ということです。

貸出金利には、大きく分けて固定金利と変動金利の２種類があります。固定金利とは、融資を受けた時の金利が返済の最後まで変わらないタイプです。変動金利とは、文字どおり金利が経済によって変動するタイプです。金利が上がれば毎月の返済額が増え、金利が下がれば毎月の返済額が減ります。

前述の例でいえば、2000年に固定金利1・5%で融資を受けた人は、2020年でも1・5%の金利で返済しなければいけません。しかし、2000年に変動金利で融資を受けた人は、2020年には0・4%の金利で返済すればいいことになるのです。しかし、現在は0・4%でも今後金利が上がることも考えられますから、固定金利と変動金利どちらがいいかは一概にはいえません。返済計画をどう立てるかによって決めることになります。

もし、将来銀行の融資を考えているのなら、今回の予備知識はもちろん、「金利は今も理由があって推移し、将来も理由があって変動するもの」と認識した上で、銀行との取引を検討しましょう。

医師のためのマネーリテラシー③

物価変動

知っておくべきマネーリテラシーの３つ目は、物価変動についてです。様々な物の値段が、その月あるいはその年によって高くなったり低くなったりすることは、誰でもご経験していると思います。なぜ物の値段が変化するのかも知っておきましょう。

経済学の本には「物の値段は、需要と供給が一致するところで決まる。供給が多ければ価格が下がり、逆に、需要が多ければ価格が上がる」と書かれています。つまり、売り手（供給）と買い手（需要）がともに納得する物価水準が、状況により変動しているわけです。

例えば、コロナウイルスの影響でマスクの需要と供給のバランスが崩れ、マスクが通常では考えられない高値で販売されたことが社会問題になりました。こういったことも起きますが、景気がいい時には物価は上昇し、景気が悪くなると下落する形が一般的です。

景気がいい時は買い手の購買意欲が強いので、売り手が値段を高くしても物が売れるのです。それだけ、物の価値が高くなったということです。

反対に、景気が悪くなると買い手の意欲が下がるので、売り手は値段を下げなければ物が売れなくなります。それだけ、物の価値が低くなっているということです。

景気の良し悪しを判断する物価変動の指標の1つに、消費者物価指数というのがあります。

これによると、日本はアメリカ、ドイツ、フランスに比べ1990年代から消費者物価指数が低い推移をたどっています。物価の上昇が長く続く時をインフレ、下落が

主要国の消費者物価指数の推移

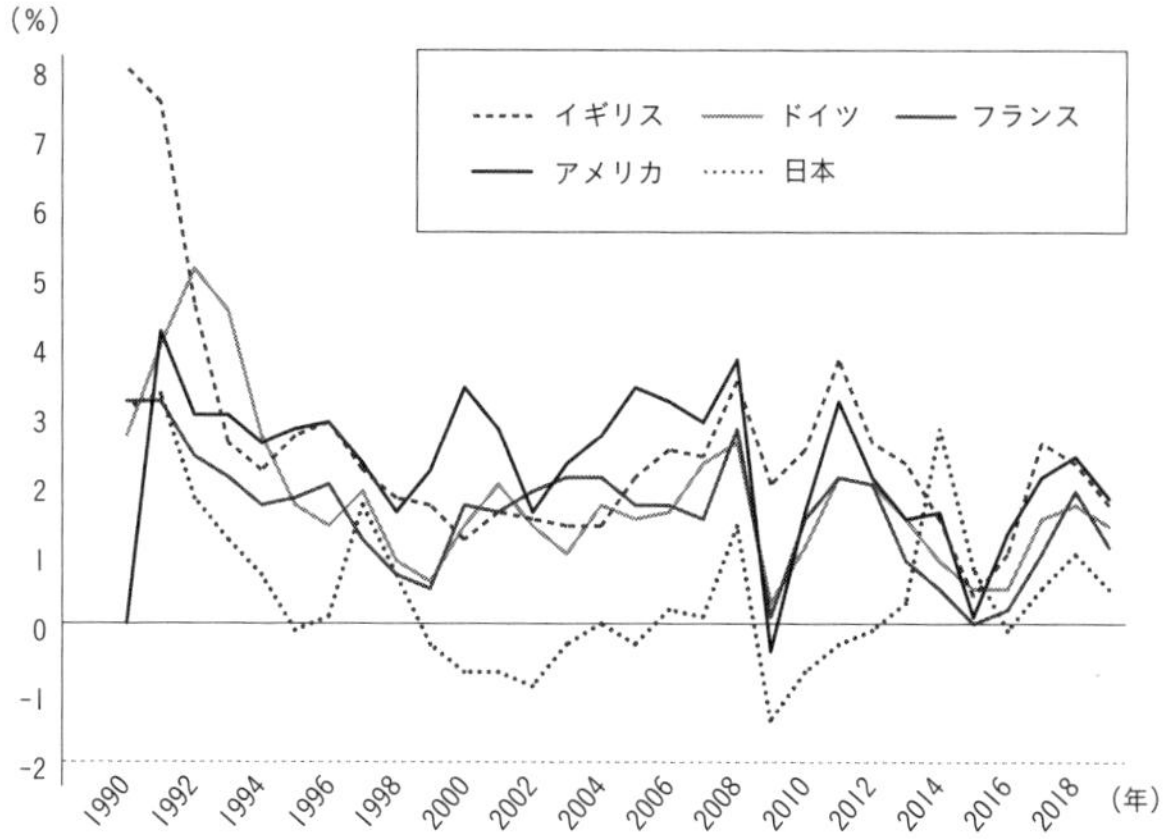

出典：OECD.Stat

長く続く時をデフレといいますが、日本は長くデフレの不景気が続いているのです。

景気の良し悪しは株価など金融商品の価格にも反映します。本書をお読みの医師の方が、これから何か投資を検討しているタイミングであれば、少なくとも日本の物価変動については最低限理解しておいたほうが、何を選択するにしても成功する可能性が高くなるでしょう。

日本の内閣府が2019年7月に

消費者物価上昇率

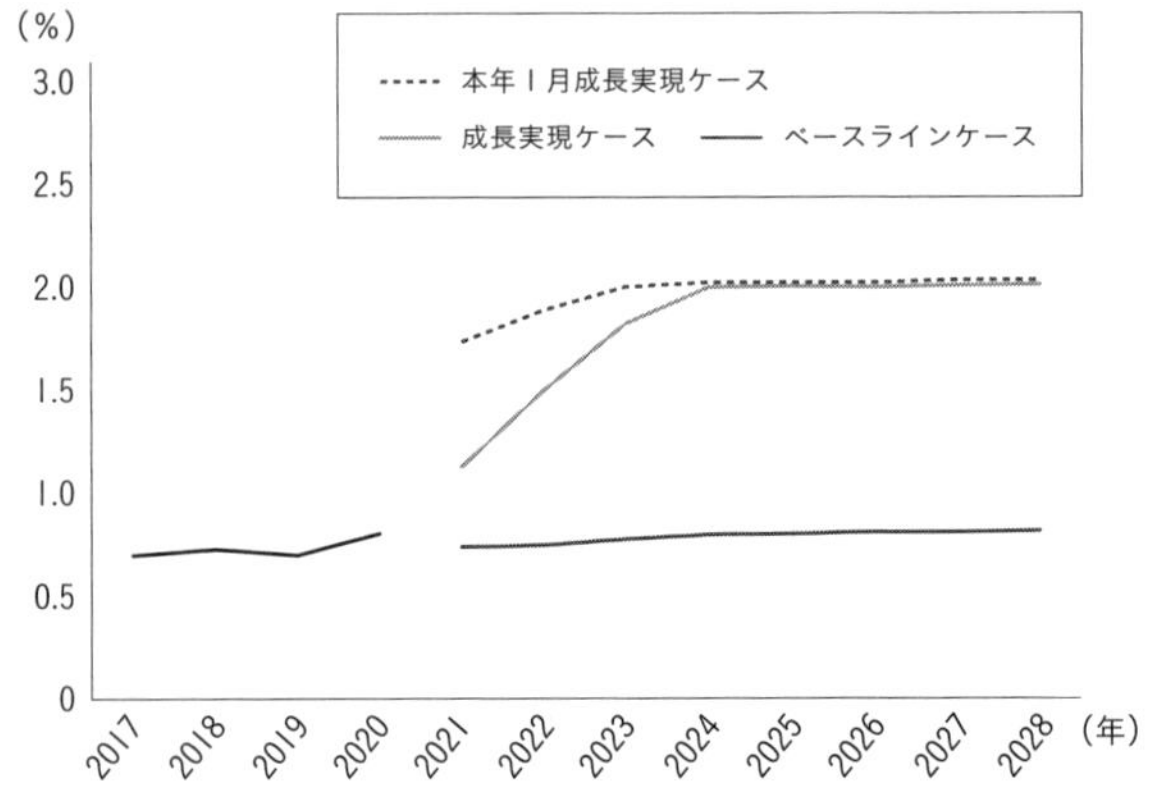

出典：内閣府「中長期の経済財政に関する試算(2019年7月)

「中長期の経済財政に関する試算」というタイトルで発表している資料の一部ですが、この中に消費者物価上昇率を試算しているデータがあります。上図を見てください。

現実的なベースラインケースでも、目標としている成長実現ケースでも、毎年物価は上昇していく試算をしています。全てがこのとおりになるわけではありませんが、政府の専門家たちによる試算や目論見については把握したほうが、投資をする際のリ

不動産価格指数

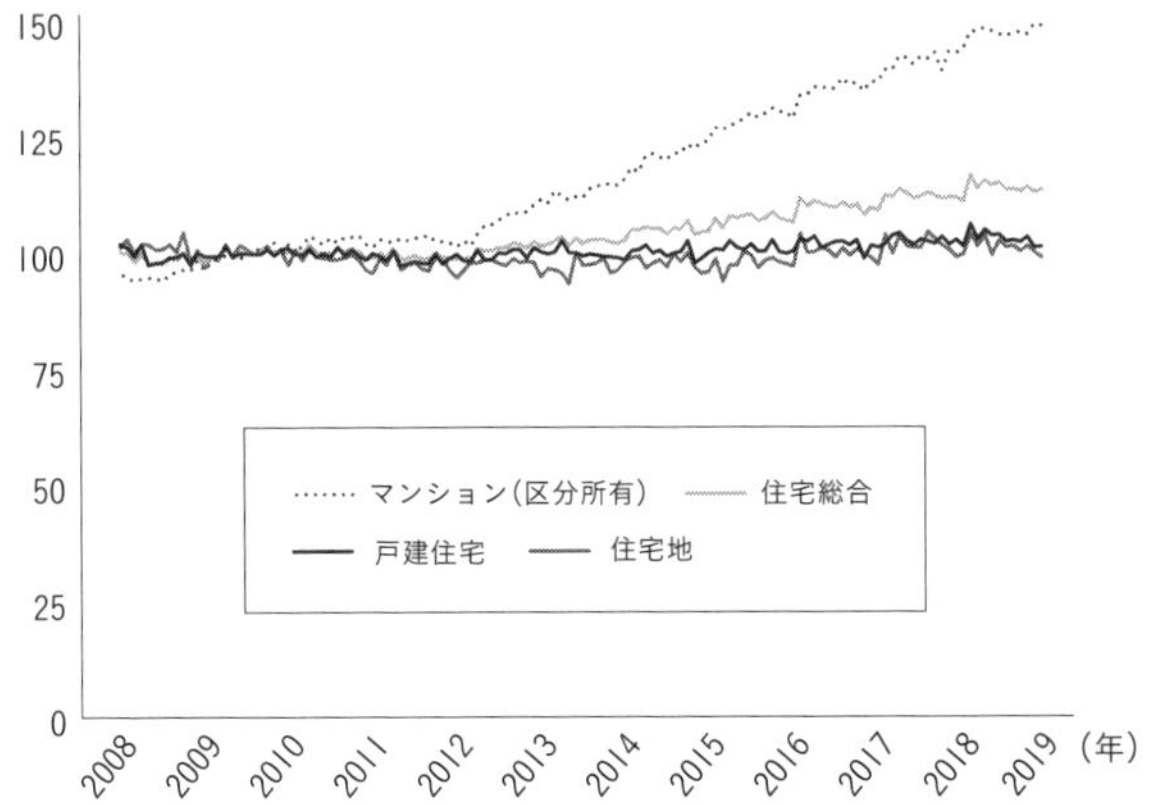

出典：国土交通省「不動産価格指数（住宅）」

スクを最小限に抑えられる可能性が高くなります。

不動産市場の物価指数の推移もご紹介しておきます。不動産はインフレと連動するという特徴があります。例えば今後、物価上昇により貨幣価値が下がったり、新型ウイルスのパンデミックが起きて、経済が不安定になり株価が暴落したりしても、不動産価格や資産価値を決めている家賃には影響がないことが多いのです。

投資商品の種類について知っておきましょう

さて、お金の知識を身につけたところで、改めて投資について考えてみましょう。第1章でも述べたように、これからの医師の世界は大きく変わります。ご自身のキャリアプランや財産を形成していく上で、「なにもしない」ということが一番のリスクになり得るかもしれません。ただし、今の時代「なんでもいいからやってみたほうがいい」とはさすがにいいづらいのも事実です。ですので、ここまでお話ししてきた「マネーリテラシー」が少しでも役に立ち、ご自身に適切な資産形成を始めるきっかけになれば嬉しく思います。

ここから、代表的な投資法をいくつかご紹介していきます。

①株式投資

もっとも知名度の高い投資法です。株式上場している企業の株を株価が安い時に買い、高い時に売ってその差額を利益にします。

株式投資のメリットは、ハイリスクである代わりにハイリターンが狙えて、換金性も高いという点です。今では株式投資もスマートフォンで株価をチェックし、そのまま手元で売買できてしまうので、一般的で身近な投資でもあります。他にも、株を買った会社の経営に参加できることや、投資先の会社に利益が出れば配当金をもらうことができ、様々な株主優待も受けることができます。ただし、株価は毎日毎時間と変動するので、その動きを絶えず追わなければいけません。

２００８年のリーマンショックの例では、日経平均が１カ月半で１万２千円台から７０００円台まで暴落しあっという間に多くの方が資産を大きく失いました。日々激務である医師にとっては、気づいたら利益を取り逃がして損をしてしまったというケースも少なからず耳にします。安定した資産形成というより「投機」の要素が強い投資ジャンルなので、その点を認識した上で取り組みましょう。

②投資信託

投資家から集めたお金を、投資家に代わって資産運用の専門家が株式や債券に投資・運用して、利益が出たらそれを出資額に応じて投資家に還元する仕組みです。投資家から集めたお金をどのように運用するかは、専門家に任されています。したがって、株式のように毎日自分で株価を追いかける手間がない分、運用益の中から手数料をとられることになります。また、運用の結果次第では、出資したお金が減ってしまうことがあります。

③ＦＸ

外国為替証拠金取引です。すなわち、為替レートの変動で外国の通貨を買ったり売ったりして利益を得る投資です。投資のジャンルとしては、株式投資と同じくハイリスクですがハイリターンが狙え、換金性も高いので株式投資と並んで身近な投資といえます。堅実な資産形成というより儲けを狙う投機的な投資法で、こちらも現在はスマートフォンなど手元の携帯端末で取引ができます。

例えば、米ドルが1ドル１００円の時に買って、１ドルが１２０円になった時に売れば、差し引き20円の利益になります。もし1万ドル（１００万円）を買っていれば利益は20万円、ということです。取引できる通貨は、米ドルの他に、ユーロ、英ポンド、カナダドル、豪ドル、スイスフラン、トルコリラなどがあります。

ＦＸの大きな特徴は、少ない資金で大きな投資ができることです。

これを「レバレッジ」といいます。レバレッジとは小さな力で大きな物を動かす「てこの原理」のことで、例えば手持ちの資金が10万円だったとすると、この時10倍のレバレッジをかけると、10万円×10＝１００万円で１００万円分のＦＸ取引ができます。１ドル＝１００円であれば、10万円で１万米ドルが買えることになるのです。

レバレッジをかけると大きな利益を得ることもありますが、逆に大きな損をすることもあるので注意が必要です。利益を確定し損失を抑えるためには、絶えず世界経済情勢や国別の時事的な事情や関連性にアンテナを張りチェックする必要があります。これからＦＸ投資を初めて検討される方では、国際事情に元々詳しい方や現在関わっておられる方などにアドバンテージがあります。

④外貨預金

その名のとおり、米ドルやユーロなど日本円以外の通貨で預金することです。日本円を外国通貨に交換して預け入れ、その外国通貨を日本円に交換して戻す仕組みです。したがって、利益を得られるかどうかは為替レートの変動に大きく左右されます。

投資のジャンルとしては、株式投資やＦＸに比べると変動幅と変動スピードが多少緩く、投機的な要素も少ないため、ミドルリスク・ローリターンの投資です。

例えば、１ドル＝１００円の時に１００ドル（1万円）預け入れ、翌日１ドル＝１０１円になったとします。この時日本円に払い戻したとすると、昨日預けた１００ドルが１万１００円となって戻ってくるので１００円の利益が出たことになります。

１ドルが１００円から１０１円になったので「円が高くなった」と思うかもしれませんが、昨日１００円で買えたドルが今日は１０１円出さないと買えなくなった、つまり１ドル買うのにより多くの円が必要になったわけで、ドルに対して円の価値が低くなったことになります。これを「円安」といいます。

反対に、もし翌日１ドル＝99円になったとしたらどうでしょうか。１００円でなければ１ドルが買えなかったのに、99円で買えるようになった、それだけドルに対して円の価値が高くなったことになります。これを「円高」といいます。この時、100ドルが9900円になって、1万円を預けたのに100円の損になってしまいます。

つまり、為替レートが円高の時に預けて、円安の時に払い戻しをすれば利益が得られるわけです。ただし、為替レートも預金先の国の経済情勢に大きく左右され常に変動するので、損失を回避していくためには、その情報にアンテナを張り予測をしていく必要があります。また、日本円から外貨へ、外貨から日本円へ交換する時、それぞれに手数料がかかりますので、利益計算には注意が必要です。個人の利益について補足すると、外貨預金で得た利益は雑所得として税金の課税対象になるので、節税対策にプライオリティがある方は、この点も加味して投資を検討しましょう。

⑤債券

国債、地方債、社債など、国や地方公共団体や企業が資金集めのために発行するものです。

債券は、満期日（償還日）、利子・利払い方法、償還金額が決められて発行されます。

そこが株式と違うところです。債券を購入すると、定期的に利息を受け取ることができ、満期日には額面の金額を返してもらうことができます。

例えば、次のような債券を買ったとしましょう。

額　面	１００万円
償還日	◯◯年◯月◯日（7年後）
利　率	１・５％

利率１・５％ですから、毎年利息として「１００万円×０・０１５＝１・５万円」を受け取ることができます。また、満期の償還日まで7年間所有していると、購入した時の１００万円が戻ってくる、というわけです。

ただし、債券は満期まで持たずに途中で売却することもできます。しかし、購入時の100万円で売却できるかどうかはわかりません。流通市場の時価での売却になるため、金利の変動によって損をすることがあるからです。

⑥仮想通貨

電子データのみでやり取りされる通貨のことです。日本円やドルのように国家がその価値を保証している通貨を「法定通貨」といいますが、国や中央銀行のような管理する組織がないのが「仮想通貨」の特徴です。

ビットコイン、ネム、リップル、ライトコイン、イーサリアムなど、日本で買える銘柄がいくつもあります。投資のジャンルとしては、近年出てきた新しい投資法の1つで、株式投資やFXと並び瞬発的な儲けを狙った投機的なものになります。また、銘柄の変動幅が非常に大きいことに加え、変動スピードも非常に速いので、ハイリスク・ハイリターン・ハイスピードの投資といえます。

代表的な銘柄であるビットコインでは、２０１７年初めには1ビットコイン＝10万円台でしたが、２０１７年末頃にはわずか一年足らずで1ビットコイン＝２２０万円台と約22倍に急騰。その後は急落を続け、２０１９年頃にわずか1年強で1ビットコイン＝40万円台と8割減まで急下落したことも、記憶に新しいです。

仮想通貨の買い方ですが、仮想通貨取引所に日本円を入金し、その後通貨の種類と数量を指定して購入します。仮想通貨の価格が安い時に日本円で購入し、価格が高い時に日本円に換金すれば、利益が得られる仕組みです。

電子通貨でできることも増えてきており、利便性にも注目されている仮想通貨ですが、２０１９年に金融庁の方で規制強化が入り、一時ブレーキがかかりました。今後金融庁の方で規制をどこまで強化するのか、仮想通貨事業者側がどこまでしていくのかなどによっても銘柄の値動きが激しく変動することは明らかですので、これから仮想通貨への投資をご検討されている方はその辺りについても注意しておきましょう。

⑦不動産投資

購入した資産価値の比較的高い賃貸用不動産物件を賃貸することによって、中長期的に安定した不労所得収入（家賃収入）を得たり、売却によって利益を得たりする資産形成法です。

投資のジャンルとしては、少ない資金で「短期：節税」、「中長期：生命保険／老後安定収入／売却益」と時系列で異なるリターン効果が狙える総合メリット型の投資です。利益を確定させるまでにある程度の年数を要し、換金性に優れているものではありませんが、「計画的に着実に資産を増やしたい」という方に向いているものであり、ローリスク・ミドルリターンの投資といえます。

現代での推奨運用期間は、取り組み方にもよりますが、基本的には株式投資やＦＸなどとは違い中長期間で、安定した収入源を確保するといったスタイルが主流になっています。

不動産投資の特徴としては、他の投資が「目に見えないお金の価値」を対象にしているのに対し、不動産投資は目に見える不動産といういわゆる「実物資産」の価値を対象にしています。そのため、投資で唯一金融機関から融資で資金調達を行うことができます。

また、短期的な投資メリットと中長期的な投資メリットのどちらか一方ではなく、一度の投資で「両方同時に狙える」のも、大きな特徴です。具体的な仕組みについては、第4章でお伝えします。

これが投資の全てではありませんが、同じ投資でもその種類によってそれぞれ特徴や取り組み方、資金面やリスクなどが異なってきます。何もしないという選択肢が今後最大のリスクになり得る可能性がある、というお話をこれまでお伝えしてきましたが、まずは何が自身に一番向いてるか考えるところから始めてみましょう。

各投資商品の比較

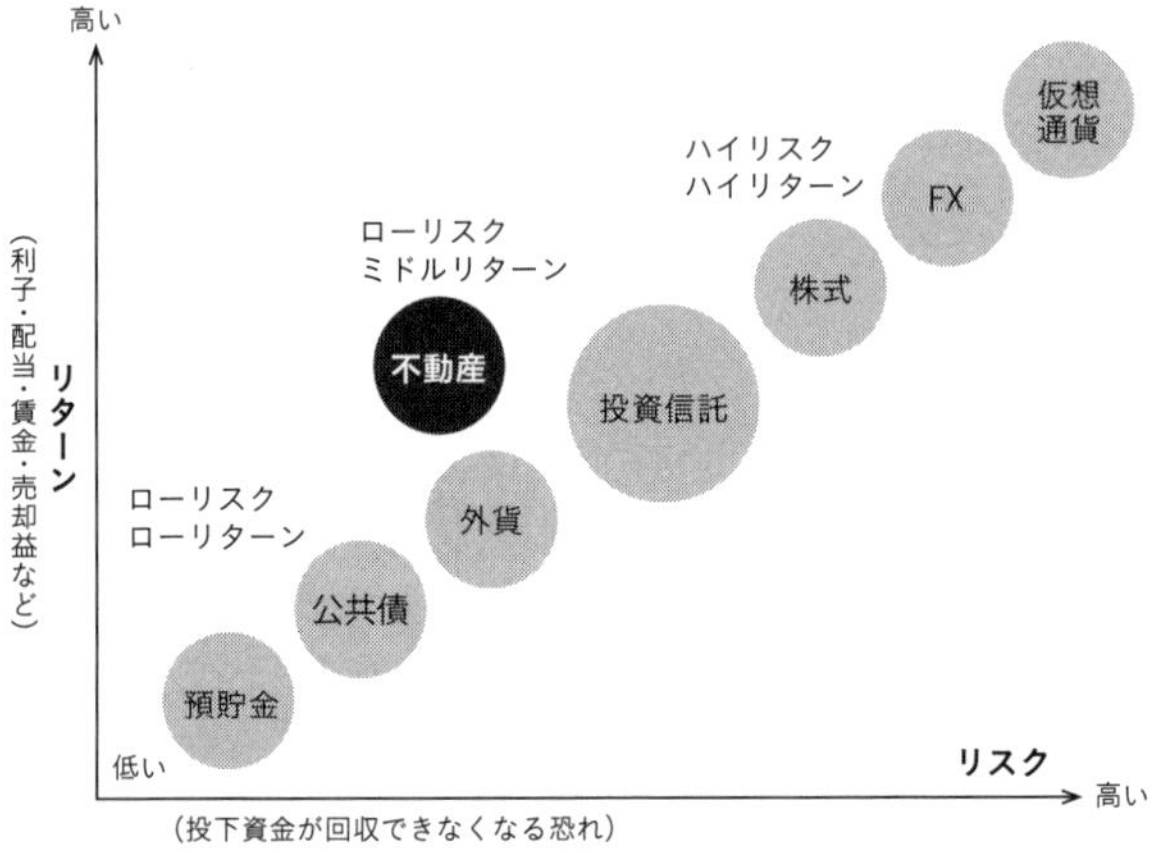

当社作成

ただ、不動産投資にはいいイメージがないと思っておられる方も少なくないでしょう。そこで、次の章では不動産投資を選んだ医師の方々に実体験を含めて様々な話をお伺いしました。

第3章

座談会

資産形成に取り組んでいる医師の本音

プロローグ

今まで、医療業界が大きく変わりつつあること、そして新しい時代に備えて資産形成を始める重要性をお伝えしてきました。では、既に資産形成に取り組んでいる医師の皆さんはどのような理由で始めたのでしょうか。

今回、私たちと不動産投資を通じてお付き合いのある顧客のドクター3名（40代）に集まっていただき、座談会を行いました。同じ大学を卒業した同期である3名は、私立病院の勤務医、私立病院の院長、大学病院の勤務医と今はそれぞれ違う道を歩んでいます。現在もプライベートでの交流が深く、それぞれご紹介で顧客になった方々です。

本座談会では、それぞれの異なる立場から今の医療業界の変化について、医師のお金回りについて、そして資産形成を始めた理由について、幅広いテーマで存分に語っていただきました。現役医師しか話せない貴重な内容も多く、私自身大変勉強になりました。今後も活躍されていく現役医師の皆さんにとって、実際の資産形成にまつわるお話が参考になれば嬉しいです。

座談に参加していただいた皆さん（仮名）

大杉医師

大学卒業後、大学の系列病院を経て、現在は埼玉県で父が営む整形外科病院に勤務。

堂本医師

大学卒業後、医局、大学の系列病院に勤務後、父から継承した神奈川県の内科クリニックを経営。

河野医師

東京の私立大学病院勤務。消化器内科専門のプロフェッショナル。

医師の働き方は、これからどう変わるのか？

医師の皆さんは長時間労働でハードなイメージがありますが、実際はどうなのでしょうか？

大杉（私立病院勤務医）

自分たちが大学病院にいた頃は、結構ハードで４連直、５連直も普通にありましたよね。

堂本（私立病院院長）

途中、短い仮眠はとっているけど、100時間連続勤務なんてザラだったんですよ。それこそ、20日以上当直をしている月も少なくありませんでした。そういうスケジュールが続くと、朝の4時とかに不整脈を自分で感じるんです。このままじゃ倒れるかも、と思ったことが何回もありました。

河野（大学病院勤務医）

それこそ、自分でお金払ってでも働きたいという志の高い方も多いですからね。変わりつつあるものの、今も長時間働いている先生もいて、何年間も365日働き続けている心臓外科医の話も聞いたことがあります。でも、年末の深夜でも呼び出しがある時は、しんどいですよね。それぞれの科でオンコールや当直の多い少ないが大きく異なるかもしれません。その科に人数がどれだけ集まっているかによっても変わってくるし。

堂本　大杉と僕は、大学病院から離れてしばらく経つけど、今は何科が人気なの？

河野　人が集まるのは、消化器科、整形外科、救急科かな。救急科とかは、ドラマティックなイメージがあるし。逆に人気がないのが、外科です。

堂本　そこは、僕たちの頃と大きく変わらないんだ。やっぱり、外科は体力勝負だからね。アメリカだとオペをする医師と術後管理する医師で分かれているけど、日本は一緒にやっているからどうしても負担が大きくなるよね。

大杉 自分らの大学病院時代は残業しても記録につけないことも結構あったけど、今はどうなの？

河野 後輩にはつけさせてるよ。でも大学病院は、勤務医の給料を削減することでなんとか黒字になっているって状態だから。本当はつけなくちゃいけないけど、若干残業をつけづらいって風潮はあるかな。

それだけのハードワークでは、肉体的にも精神的にもきつそうですよね。

河野　そうですね。ただ、やりがいはありますからね。スキルが身についている実感もあるし、青臭いけど、患者さんから「ありがとう」っていわれると嬉しいんです。大杉と堂本もそうだと思うけど、やっぱり医師という仕事は、充実しているし、やりがいがありますよ。

世間では「働き方改革」が話題を集めていますが、その辺りに関して変化を感じますか？

河野 確かに、17時半スタートの会議が1時間前倒しになったりと、少しずつ配慮され始めています。ただ、全体としては大きく変わっていないと思いますよ。勤めている病院の帰宅時間が早くなってもアルバイトの時間は減らないし、そこでの当直もありますからね。どうしても大学病院に勤める医師は給料が低いから、外部の病院にアルバイトに行かざるを得ないんです。

堂本 大学に勤めている友人から、ハードワーカーな医師とワークライフバランスを意識して働く医師とで二極化しているという話を聞いたことあるけど、実際どうなの？

河野 それはありますね。家族のいるドクターは、子どもの養育費などを稼がないといけないからハードです。夏休みも、数日の旅行以外は全部アルバイトをしているという人もいるし。逆に独身のドクターは、プライベートの時間も大切にしている人が多いかな。私も医者になってからずっと休みは月に3、4日の生活ですが、子どもができてからむしろ休みは減っています。この歳になると、体がきつくなってきてますね。

大杉　もう20代、30代の時のように無理はできないよね。

河野　ただ正直、医療業界で「働き方改革」を導入するのは無理があると思いますよ。診察して治療するという医師としての能力もそれぞれ違うし、モチベーションや家計事情も違うから。それを一律に短くしましょうっていうのは、なかなか難しいと思います。能力が追いつかなくて、悩んでいる先生も結構いるんですよ。

大杉 そういう先生は、辞めるの？

河野 辞めるケースが多いですね。それで美容外科に転職したり、フリーランスになっています。僕らの時代はそんなになかったけど、今は若い医師もちょっと合わないことがあると辞めるんですよ。

堂本 フリーランスもありだよね。もっと自由なスタイルで働く医師が増えてもいいと思う。河野は普段研修医とかも見ているんでしょ？　今の若いドクターはどういう人が多いの？

河野　僕らの頃とは、何かが違いますよ。ちゃんとした挨拶ができなかったり、「研修医だからわかりません」って答えて何もしないという具合です。まあ、僕らの頃も何かいわれていたかもしれませんけど。どこか姿勢のようなものが違うと思います。それに研修医の働く時間も、どんどん短くなっていますね。当直も月に数回までとか病院側で決められていたり、病院によっては当直したら、朝帰らなければいけないルールもあるようですから。

大杉　その辺りは、だいぶ改善されているんだね。僕らの時代は、当直してそのまま朝から普通に一日働くのが当たり前でした。

堂本　そうだよね。でも今は病院側の立ち回りもあるし仕方ないのかもね。

河野　そういった意味では、働き方改革の影響で多少の変化はあるかもしれませんね。

変わりゆく医療業界で、今後求められる能力とは？

若い医師の皆さんが、守られるようになったのはいつ頃からですか。

堂本　15年くらい前に、新医師臨床研修制度ができた頃ですかね。そこでは研修医と医局のマッチング制度も生まれました。それまでは大学を出たら、同じ大学の医局に入るのが一般的でしたが、研修医が病院を選べるようになったんです。本来は、地方の大学の研修医を増やすことが目的だったようですが、結果的に都心の病院に集中してしまったんです。

立地の他に研修医が集まりやすい医局の特徴はあるのでしょうか。

河野　どの教授が在籍しているかも大きいですよね。その人から学びたいっていう研修医が集まるし、その科の世界だけ影響力の強い医局もあります。リクルーティングに力を入れている大学だと、将来有名になりそうな先生を早めにスカウトして教授にしているところもあります。私は出身大学とは違う医局に勤めていますが、大学によって職場のカラーが全然違います。だから、自分に合う合わないは、結局働いてみないとわからない部分もありますけどね。

大杉 特に国立大学と、私立大学でドクターの雰囲気が全く違うよね。

堂本 そうそう。国立の医局だと「出世したい、教授になりたい」というモチベーションの高いドクターが多くて、お互いの弱みを見せない印象。私立は「みんなで頑張っていこう」って雰囲気で、フランクな感じかな。

2018年に導入された専門医制度に関しては、何か変化はありましたか。

河野　私たちは専門医の上の指導医の立場なので直接関係はないですが、若いドクターたちには影響があるようです。各都道府県の専門医の定員が決められていて、人気のある整形外科とかだと入局できなかったり、違う県に行かなければいけないって話も聞くので、大変ですよね。

堂本 そもそも構造的に難しいこともありますよね。日本には診療科ごとに多くの学会があり、今までの専門医制度はそれぞれの学会が認定してきたんです。各学会にトップがいるから、まとめるのはなかなか難しいのではないかと見ています。日本医師会など、大規模な学会との兼ね合いもありますしね。

大杉 たくさんの○○専門医とか専門医検定があるよね。

河野 消化器内科でいうと、ある一定の病院でなければ認定を得られなくなりました。基本的に専門医資格を持ってなくても仕事に支障はないですけどね。ただ、以前ある患者さんから「先生は専門医ですか？」と聞かれて「違います」と答えたら、「専門医の先生がいい」といわれてしまって担当を変えられたことがありました。自分としては腕に自信があったので、結構ショックでしたよ。

大杉　患者さん側がそういう意識になっているんだね。専門医を取得していないと不信感を与えてしまう場合もあるわけだ。

今後、医師にはどのような能力が求められると思いますか？

河野　今、内視鏡の技術が上がっていて、オペ数が減っている現状を考えると、時代によって求められる医療のスキルも変わるのかなと感じています。２人はどうですか？

堂本 開業医から違う視点でいうと、今後は医師にも経営能力が求められると思っています。自分にその能力がなければ、経営を他の人に任せてしまうか。というのも、保険診療の点数が下げられすぎていて、経営が本当に大変なんです。僕が父親から医院を継いだ時、このままじゃ潰れると本気で危機感を覚えました。周りのクリニックも、大手資本の医療法人に次々と吸収されています。個人病院とかは油断していると廃業するケースが増えるんじゃないかな。

大杉 薬局もその流れがあるよね。地方の病院も高齢化や人口減少が進んで、人が来なくて困っているという話もよく聞きます。20年以上前はそれこそ何もしなくても稼げた時代だったけど、今は違いますね。

堂本　本当にそう思う。自分が継承してから、患者さんに来てもらう努力を相当してるし、今の患者さんは来院する前にホームページを調べてくるから、わかりやすくサイトをリニューアルしたり、リスティング広告やＳＥＯ対策をしてアピールしていかなくちゃいけないんです。

大杉　**河野**　えっ。そうなの!?

堂本　本当は医療の腕一本でやっていきたいんだけど、経営努力しないと来てくれないんです。だから、できるところから経費削減をしたり、WEB制作業者や広告代理店と相談しながら広告出稿したりして。今は、医療よりもそういう経営改善の仕事にも結構時間を使っていますよ。使わざるを得ない。

大杉 埼玉は医療過疎っていわれているから、また少し事情が違うかな。でも経営と医療の仕事を一人で両立するのは難しいよね。プロモーションとか経営的な仕事を、自分でやらずに丸投げしている開業医の先生も多いみたいだし。

河野 私のいる大学でも、医療経営の勉強会をやっていたり、医療経営の大学院の道に進む同僚もいます。ただ、経営に詳しいドクターは、医療のスキルがおろそかになっている人が多い印象も正直ありますよ。

堂本　その意味だと、医療と経営は分けて考えないといけないのかもしれませんね。

河野　医師の負担が年々重くなっているよね。子どもがいれば親の役割をやって、医師もやって、医療の勉強も経営の勉強もしないといけないんだから。最近じゃ結構体調がきつい日も増えてきてるし、これ以上負担が増えてくると体ひとつじゃもたないよ。

未来を見据えた医師たちは、何に投資をしたのか？

負担が増している医師の皆さんの状況を考えると、働けなくなった時にどう備えるかも大きな問題ですよね。実際、周囲の医師の方々はお金についてはどう考えているのでしょうか？

河野　お金への意識がなさすぎて、まずいんじゃないかと思う時がありますすよ。忙しいので、仕方ない部分もありますけど。

堂本　お金に無頓着な人は多いよね。それでも医師は結構な額もらっているから、生活はできてしまうけど。実は貯金が全然ない人も多いんじゃないかな。

河野　将来を考えて、堅実に投資をしている先生は少ないですよね。1つの銀行口座に延々と貯めていたり、クレジットカードすら持っていないという人もいたりして……。「ポイントカードって知ってる？」とか真面目に聞かれた時があって、かなり衝撃を受けました。

堂本　でも自分自身を振り返ってみると、何もしていない時は、何でこんなに少ないんだろうって嫌になるくらい貯まらないよね。医師の世界は、基本体育会系だから、上司が必ず部下に奢るんですけど、その支払いもかなりあります。先日も、結婚式の二次会のカラオケに部下を連れて行った時、10万以上払いましたよ。

大杉

河野　ああ……。僕らも経験ありますよ。

皆さんが不動産投資をしているのは、大杉先生がきっかけとお伺いしていますが、実際に取り組みを始められたきっかけを教えてください。

大杉　元々、投資全般には興味があって様々な方法を試していました。株式投資、仮想通貨、ＦＸ、外貨預金、バイナリーオプションなど、ひととおり経験しています。大きな利益を出していた株が、一夜で下落してしまったりと痛い目にも結構あっています。

大杉先生は、数多くの投資をした上でなぜ不動産投資を選択したのでしょうか？

大杉　毎年年収の半分近く税金を納めるのが嫌になってきて、節税対策を探していました。インターネットや本などで調べていくうちに、不動産投資が有効な方法であることがわかったんです。ただ、以前毎日のように営業の電話をかけられて迷惑したことがあったので、正直いい印象はありませんでした。いくつかの不動産会社に話を聞いてみると、やたらと押しが強くて礼儀もなっていないような担当者に遭遇することもあって、会社選びはかなり慎重に進めましたね。10社以上の会社と面談して、最終的にはＳＲコーポレーションさんに決めました。

実際に不動産投資を始めてみてどうでしたか?

大杉　節税効果が大きいのも、すぐ目に見える成果として当然嬉しいですけど、他の投資と比べると何もしなくていいところが自分としては一番いいですね。ちょうど4年前くらいに始めて、その後効果を実感したので買い足し続けて今自分は10戸近く所有していますが、気づいたら貯まっているという感じです。当初想像していたより内容も成果も良かったので、河野と堂本の2人に担当者を紹介しました。

河野　不動産投資に節税効果があることは知っていましたが、私もしつこい電話営業に嫌気がさしていて、かなりマイナスの印象でした。どこで知ったかわかりませんが、職場や家にも頻繁に電話がかかってきたんです。時には、上司の名前を騙ってかけてくる会社もいましたね。「これは嫌がらせか？」と思っていたくらいです。でも、大杉の話を聞いて、改めて詳しく話を知りたいと思い紹介してもらったんです。自分がこのまま長時間労働を続けられるか不安に感じることもあったので。

やはり不動産会社全体には、いい印象を抱いていなかったのですね。

河野　最初は、正直かなり疑心暗鬼でしたよ。ただ、会ってみると担当の方が真面目そうで話も理解できたし、何より会社が20年以上続いていることに安心感がありました。実際に一緒に見に行った物件も良かったので購入することにしたんです。

堂本　僕も、大杉の紹介がきっかけです。元々、節税対策は何かしなくちゃとは思っていたんですが、なかなか手をつけられていなくて……。仲間の中では計画的で堅実な河野も不動産投資を始めたと聞いたことも、大きかったな。

大杉　不動産投資を始めてから、河野と堂本の他に若いドクターたちに勧めたんですけど、思ったよりも既にやっている人は多いですよ。でも、よく話を聞いてみると、全く入居者が集まらない立地の物件だったりして、あまり考えずに投資して失敗している医師も結構いるんだろうなと思いました。

河野 営業電話がものすごい数かかってくるから、提案されるままに買ってしまう先生もいるんでしょうね。自分の大学病院にも悪評高い不動産投資会社から人の少ないエリアの物件を買った先生がいるんですが、あまりうまくいってないようです。

大杉 東京で、さらに好条件の立地じゃないと難しいよね。

堂本　やっぱり立地は重要だよね。2人とも実際の物件は見に行ったんですか?

大杉　自分は、担当の人に条件がまとまっている資料と物件の写真をメールで送ってもらって、すぐに判断しました。条件のいい物件は、他の人に先に取られてしまうケースも多いからスピードが大事じゃないかな。

河野　私は全部確認しました。投資自体初めてに近かったし、やっぱり自分の目で確かめたかったので。これは個人の感覚や好みによるかと思うので、どちらがいいというものでもないかもしれませんね。

これから資産形成を始めるドクターたちにアドバイスはありますか？

河野　今は不動産投資を選んで良かったと思っているので、色々な人に勧めています。けど、20年先はわからないので、より利益を出せるように売却計画を含めて相談しているところです。投資をするなら、不動産投資に限らずですが、利益が見込めて自分がいいと思ったものをお勧めします。やっぱり投資は最初も最後も自己責任ですから。

堂本　最終的に投資効果があるかが重要だよね。今は運用を始めてまだ4年目で節税効果が大きいから、プラスになっているけど次の展開もそろそろ考え始めています。不動産投資のいい点は、入口から出口まで様々な投資効果が得られることだと個人的には思っています。投資にはあまり手を出してこなかったけど、やってみると違う景色も見えてきたので、自分がいいと思ったら始めてみるのも1つの手だと思います。

大杉 2人に勧めたくらいだから、不動産投資のメリットはすごく感じているんだけど、パートナーになる会社が非常に大事だと思います。所有している物件数が増えてきたので、法人を設立することを考えているんですが、それを含めて小まめに相談させてもらっているので、助かっています。そういった付き合いも考えると、会社も大事ですが担当者さんが自分と相性がいいかどうかも大事かもしれませんね。

今日はお忙しい中、ありがとうございました。

第4章

なぜ医師に不動産投資が向いているのか

不動産投資は誰でもできるものではない

前章で、現役の医師の方々のお話を聞いていただきました。3名とも、最初は不動産投資に疑問を持っていた、と語っています。今までお話ししてきた多くの医師の方々からいただく疑問はまずメリットも魅力的なものが多いためか、そのような良い話だったら誰でもやるでしょう、というものでした。

当然の疑問だと思います。ただし、ここでまずご説明しなければならないことがあります。それは、「不動産投資は誰でもできるものではない」ということです。

まずは左ページの図をご覧ください。

ピラミッド図

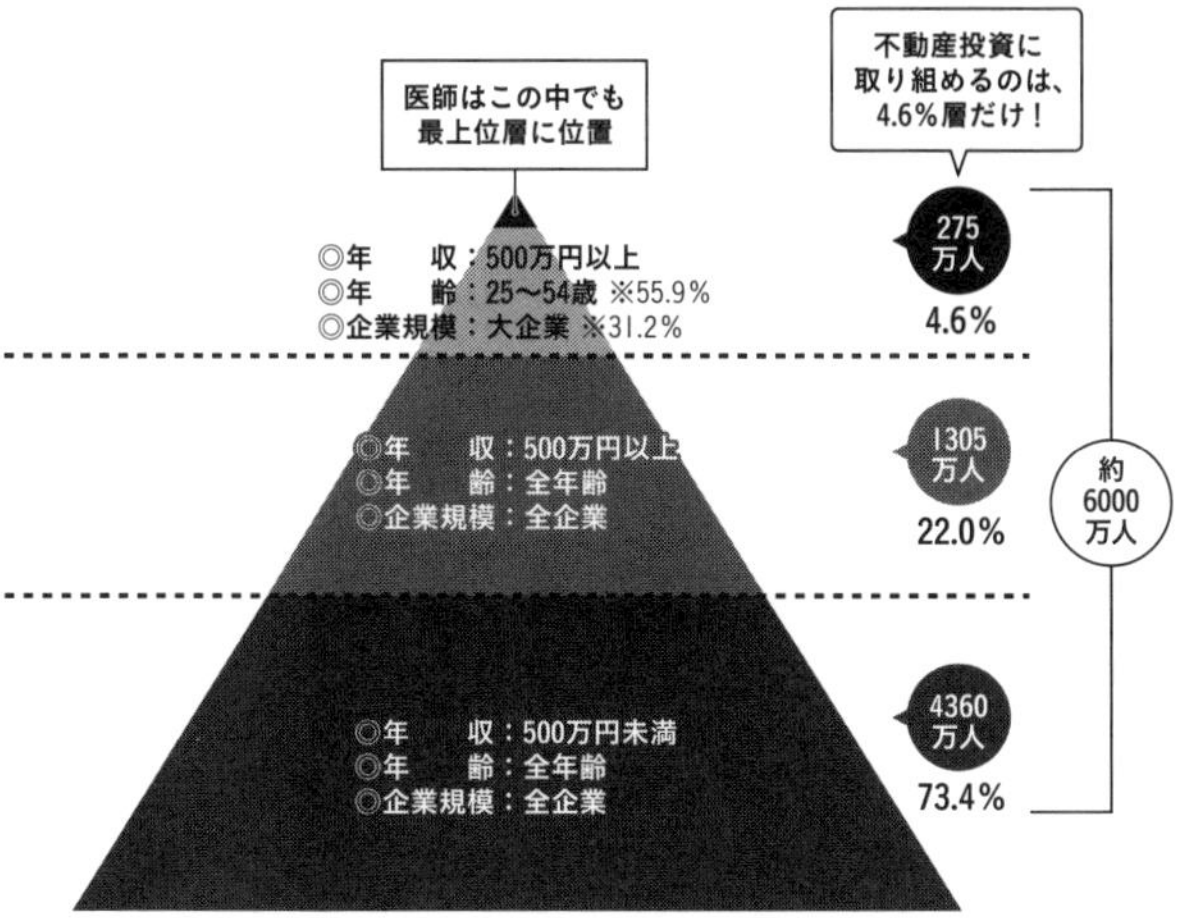

この図は、日本の就業人口に対して不動産投資の取り組みができる方々の割合を示したものです（一部を除く）。その結果わが国では、不動産投資を行うことを選べるお立場にあるのは、この図の最上部のわずか約4・6％に当てはまる方々だけとなっております。割合としては、日本の就業人口約6000万人中、年収500万円未満が73・4％、年収500万円以上が26・6％となっており、その内、不動産投資にお取り組みいただける層の方は、年収5

00万円以上で年齢25歳～55歳未満、さらに大企業の従業員比率31・2％で算出した4・6％となっています。
※あくまで理論値での試算

では、なぜそのように取り組める方が少ないのでしょうか。それは、不動産投資用のローンが、一般的な住むために購入する住宅用ローンとは全く異なる、という点にあります。

不動産投資の融資は、購入した資産価値の高い投資物件を賃貸して得る「家賃収入＝他人資本」を活用してローンを概ね返済し、「自分の資産を築く」という目的のものなので、事業用融資として扱われます。そして、事業用融資の場合、住宅用ローンなどよりも金融機関の審査がとても厳しい、という理由があるのです。

《医師の社会的信用力が高い主な理由》

【医師】
①ゴールドライセンスを持つ
②職業需要が非常に高い
③定年退職なし

【上場企業会社員】
①国家資格を持っていない
②失業リスクあり
③定年退職あり

ゴールドライセンス

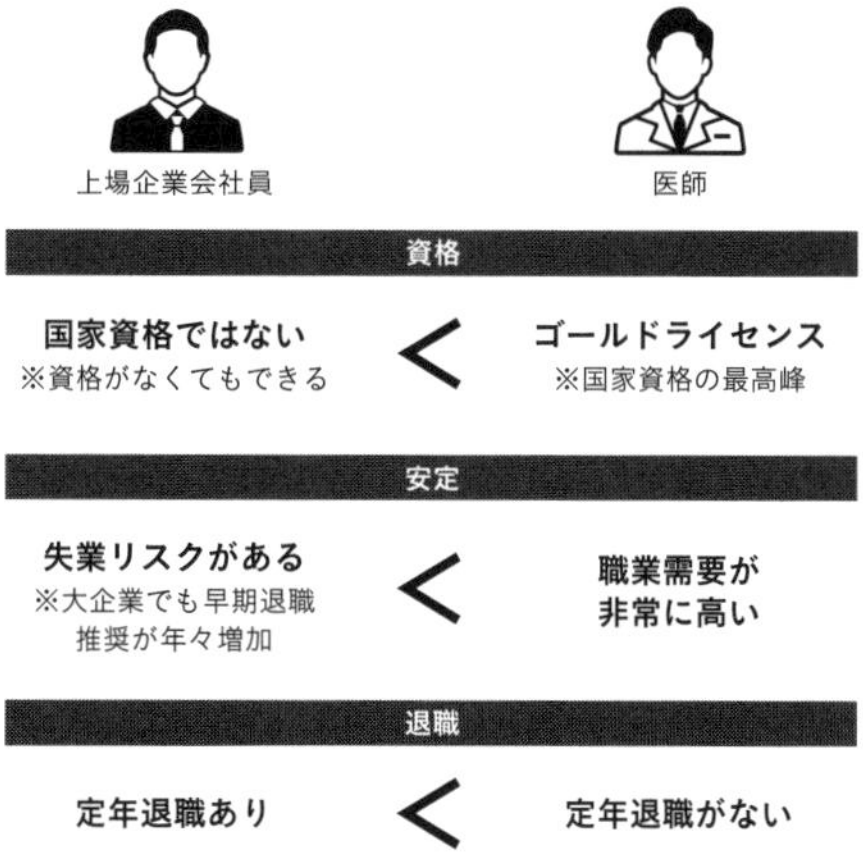

上場企業会社員
医師
資格
国家資格ではない
※資格がなくてもできる
<
ゴールドライセンス
※国家資格の最高峰
安定
失業リスクがある
※大企業でも早期退職
推奨が年々増加
<
職業需要が
非常に高い
退職
定年退職あり
<
定年退職がない

※大手企業でも、50代社員の早期退職推奨が目立つ。
※国家資格を有する公務員でも、職種によっては定年は50代前半の場合もある。

つまり約99％以上の方々は、実際には審査を通過できずに、金融機関に融資を断られているケースがほとんどです。

そういった不動産投資に関するご相談が多い中、医師の方は既に不動産投資をより成功に近づける**3つの大きな特権**を持っています。このある種、特権の内容が「医師は不動産投資に向いている」といわれる大きな理由です。

「医師」という社会的信用力で得られる、不動産投資のアドバンテージ

まずは、不動産投資をより成功に近づける「医師の3大特権」をご紹介していきます。

《医師の3大特権》

特権その①　ゴールドライセンスを活かした融資の受けやすさ
特権その②　医師だけに許された豊富な資金調達枠
特権その③　運用利益に直結する、最優遇金利が適用

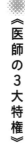

ここから、不動産投資に対し医師が持つ3大特権の内容を1つずつご説明していきますが、医師の皆さんの中にはもしかすると、当たり前のことなのではないか、と今まで思われていた内容も含まれているかもしれません。ただ実際は、不動産投資に取り組むことができる総就業人口約1％の方々の中でも、特に突出している内容になりますので、改めて確認していきましょう。

特権その①
ゴールドライセンスを活かした融資の受けやすさ

医師の皆さんは意外に感じる方もいらっしゃるかもしれませんが、不動産投資は一般的に、スタートのハードルが高く日本の総就業人口の約1％の方しか実際に取り組めないもの、といわれています。理由は先ほどご説明したとおりです。

不動産投資は、審査の厳しい事業用融資を要して行うことができる、「家賃収入＝他人資本」を活かして「自分の資産」を大きく築くための特別な資産形成法なのです。ゆえに、誰しもが望めばできる資産形成方法ではない、というのが現状です。

医師の持つ医師免許は、最強の国家資格（ゴールドライセンス）の1つであり、不動産投資の審査に有利な前述の職種や属性群の中でもトップクラスの社会的信用力を有しているといわれています。

失業リスクが極めて低い専門職であり、定年退職がない、日本でも高水準の高所得者であるためです。例えば不動産投資の融資を受ける場合、通常は勤務先について勤続歴3年以上を条件とする金融機関がほとんどですが、医師は、研修医（勤続1～2年目）の方でも年収さえ条件を満たしていれば融資を受けられることが多く、また、勤め先の病院を転職して3年満たない医師の方も同様です。

こういったことからも、不動産投資にとって重要な資金調達に対して、医師は無類のアドバンテージがあるといえます。

特権その②
医師だけに許された豊富な資金調達枠

前述のとおり、医師は社会的信用力の高さから、不動産投資に用いる金融機関の事業用融資が受けやすい立場にある、ということはおわかりいただけたかと思います。

そしてさらに、実際に金融機関から融資を受けられる「資金調達枠」が、一番大きいといわれています。

金融機関側で設けている融資審査基準に対し、通常融資が厳しい規模や内容の案件でも、医師の方は、その高い社会的信用力から場合によって、その枠を超えて融資をしてもらえることがあります。

具体的には通常、年収の6倍から8倍程度といわれる融資の資金調達枠ですが、医師の場合、金融機関によっては10倍から12倍またはそれ以上にもなります。

※金融機関により、多少条件が異なります。

この医師の資金調達力の高さは、社会的信用力の高さに加え、高所得を得る職種であることも理由となっています。不動産投資の場合、ほとんどの融資返済は家賃収入＝他人資本で行っていきますが、金融機関側の医師の返済能力に対する高評価の表れといえます。

では、他の方々よりも資金調達を多くできると、不動産投資ではどう有利なのでしょうか。それは、**人よりも「少ない資金」で「大きな資産」**を築

不動産投資に対する金融機関の融資の一部

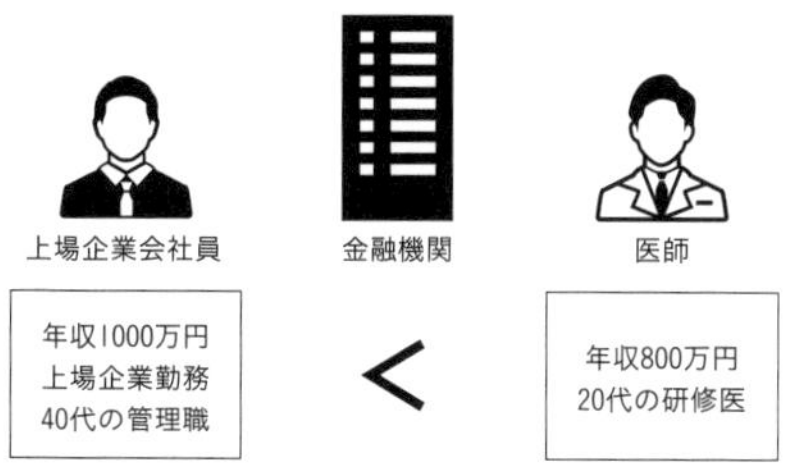

年収1000万円の上場企業勤務、40代の管理職よりも
年収800万円の医師20代の研修医の方が資金調達枠が多く、
貸出金利が低く優遇されるケースがある

くことができる手段を取る権利があるということです。つまり、連帯保証人や大きな自己資金などを必要とせず、自身の社会的信用力だけで大きな資産を生む「レバレッジ効果」の非常に高い投資ができるのです。

※レバレッジ効果＝てこの原理になぞらえ、少額の投資資金で大きなリターンが得られること。

しかし、同じ不動産でも、ご自宅用の不動産を融資で購入する場合は、いわゆる頭金としての自己資金や連帯保証人といった契約も必要になるケースがほとんどです。この差はなにか。それは、購入物件そのものが収益を生むもので、金融機関として融資の担保になるか否かということです。不動産投資は家賃収入という収益を生み出すので、金融機関からの融資の際には担保となり、個人の社会的信用力によって融資を受けることができるのです。では、貸し手としてもリスクがある金融機関側は、なぜ不動産投資物件にそれほどの担保としての評価（価値）を見出しているのか。これについては、次節の「不動産投資の仕組み」でお伝えします。

レバレッジ効果のイメージ図

ここまで、金融機関からの資金調達を前提にお伝えをしてきておりますが、『なぜわざわざ融資を受けてまでやるのか』という疑問をもつ方もいらっしゃるかもしれませんので、少しご説明させていただきます。

医師の皆さんのような高所得者の方々であれば、現金で物件を購入できるだけの資金をお持ちかもしれません。ただ、レバレッジ効果を最大限活かすためには、金融機関からの資金調達を利用して、あえて融資を利用するのです。その理由は、大きく２つあります。

自己資金を極力使わずに融資を用いてレバレッジ効果を効かせることで、

①不動産投資への**自己資金に対する利益率が飛躍的に向上**する
②自己資金を投資するよりも、**大きな資産を取得することができる**

というメリットがあります。

具体的には第5章の「複数物件所有で得られるメリット」でお伝えしますが、医師が不動産投資でその特権をフル活用した場合では、一般属性の方と比べ「より大きな資産運用」ができ、「より多くの収益を得る」ことができます。

特権その③ 利益に直結する、最優遇金利が適用

3大特権の最後の1つです。ここまで前述しましたとおり、医師は不動産投資の資

金調達がしやすく、しかもその資金調達枠も優遇され一般属性の方より多い、というお話をしました。

さらに現役の医師の場合、社会的信用力が非常に高く、金融機関から最優遇金利にて資金調達が可能です。優遇条件は金融機関によって様々ですが、多くの場合、大幅に金利が下がり、より投資効率が上がります。

つまり、調達金利が低くなるということは、それだけで不動産投資で生み出される利益に直結するということです。これだけでも大きなアドバンテージではありますが、最優遇金利で資金調達できることは、ひいては不動産投資を成功に導く「投資判断の重要な指標」にも大きく関係してきます。

その重要な指標の1つに、「イールドギャップ」というものがあります。イールドギャップとは、一般的に調達金利と投資利回りの差のことをいいます。

例えば、投資物件の利回りが○％で調達金利が○％だった場合、イールドギャップは○％、という計算です。調達金利と利回りのギャップがあるのであれば、資産運用

イールドギャップのイメージ

投資の判断指標　イールドギャップ

イールドギャップ　＝　投資利回り　−　借入金利

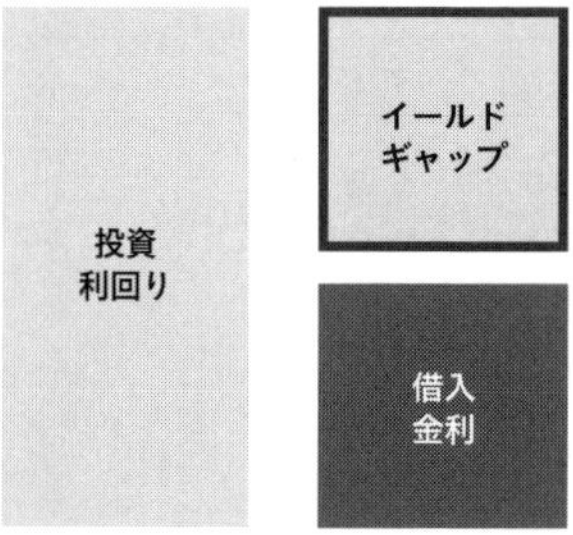

としての利率がよく、資金調達をして物件を多く持てばそれだけ利益になるということになります。

金融機関からの資金調達によるレバレッジ投資が前提となることが多い不動産投資の世界では、このイールドギャップは投資判断における１つの指標となります。目先の利回りだけでなく、調達金利とのバランスも大切なポイントなので、資金調達時に最優遇金利が適用される医師などの高所得者の方は、不動産投資を成功に導く大きなアドバンテージを持っているといえるでしょう。

　ここまで、医師の3大特権についてご説明してきましたが、いかがでしたでしょうか。医師が不動産投資に向いているといわれている理由が、おわかりいただけたかと思います。

　第3章でお話しいただいた3名の医師の方々についても、まずはこういった「医師が持つ特権」を認識するところから始まりました。3名のお話は、皆さんと同じ医師という立場の意見として共感する部分や参考になる部分があったかと思いますが、大切な「不動産投資の仕組み」や「医師が不動産投資をするメリット」という部分では極々一部のご紹介でした。

　ここからは、これまでお付き合いさせていただいている医師のお客さまの意見を踏まえた上で、不動産投資の仕組みの確認、そして「今後医師は何を目的として不動産投資をしたらいいのか」についても簡単にご紹介したいと思います。

不動産投資の仕組みとは

前節で、不動産投資において**「医師が持つ3大特権」**についてご説明してきました。

不動産投資は、誰にでも取り組める資産形成法ではなく限られた方々のみのものであること、医師が不動産投資に向いている理由、それぞれおわかりいただけたかと思います。

左ページに「マンション経営の仕組み」を簡単に図式化しました。

ここからは、「不動産投資の仕組み」について詳しくご説明していきます。

マンション経営の仕組み

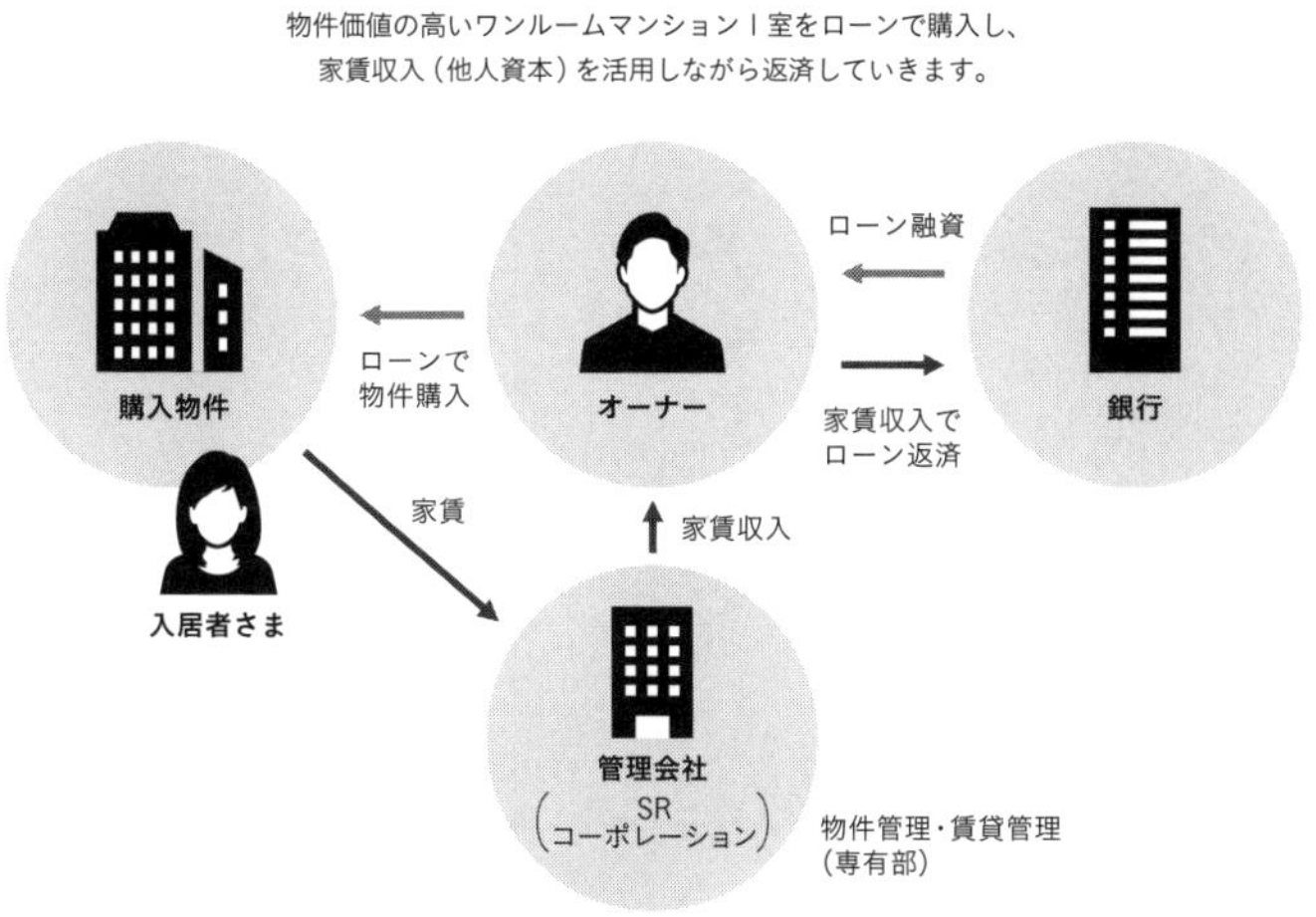

物件価値の高いワンルームマンション１室をローンで購入し、
家賃収入（他人資本）を活用しながら返済していきます。

「他人資本」を活かし自分の資産を大きく築ける

　不動産投資は、金融機関の融資を活用し**少額の自己資金で**資産価値の高い賃貸物件を購入、その物件を人に貸して入ってくる**「家賃収入＝他人資本」**を使って返済していき、返済をした分だけ貯蓄になっていくので、**自分の資産を大きく築ける**、というものです。

　このように、自己資金を最小限に抑え、入居者からの家賃収入という「他

マンション経営のイメージ図

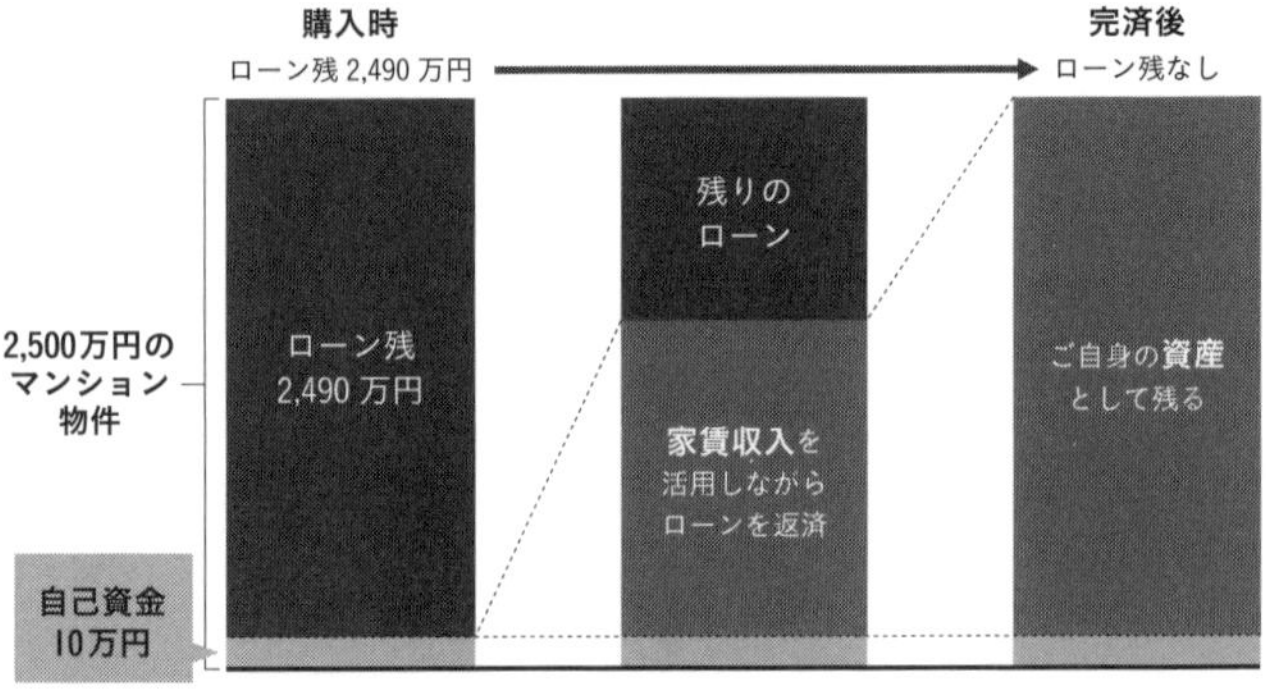

入居者からの家賃収入や、税金の還付を活用しながらローンを返済し、
ご自身の資産を築いていきます。

人資本」を活用してローンを返済し、自身の資産を増やしていくといったこの方法は、「**ローンレバレッジ（てこ）効果**」と呼ばれています。ローン返済のほとんどは家賃収入＝他人資本でまかなうことができるので、社会的信用力を活かせるならば、融資を活用し、レバレッジ効果を効かせた運用をお勧めします。

「有担保ローン」のため、借入れのリスクは最小限

不動産投資でも重要な資金調達、いわゆるローンには、運転資金など、無担保での借入れの場合と、不動産投資のような有担保での借入れの場合の2パターンがあります。資産運用のための物件購入でローンを組む、ということに抵抗がある方もいらっしゃるかもしれません。

しかし、不動産投資の物件購入時のローンは、事業資金の借入れのような「無担保ローン」とは異なり、収益性のある物件自体が担保になる「有担保ローン」です。

運用イメージ

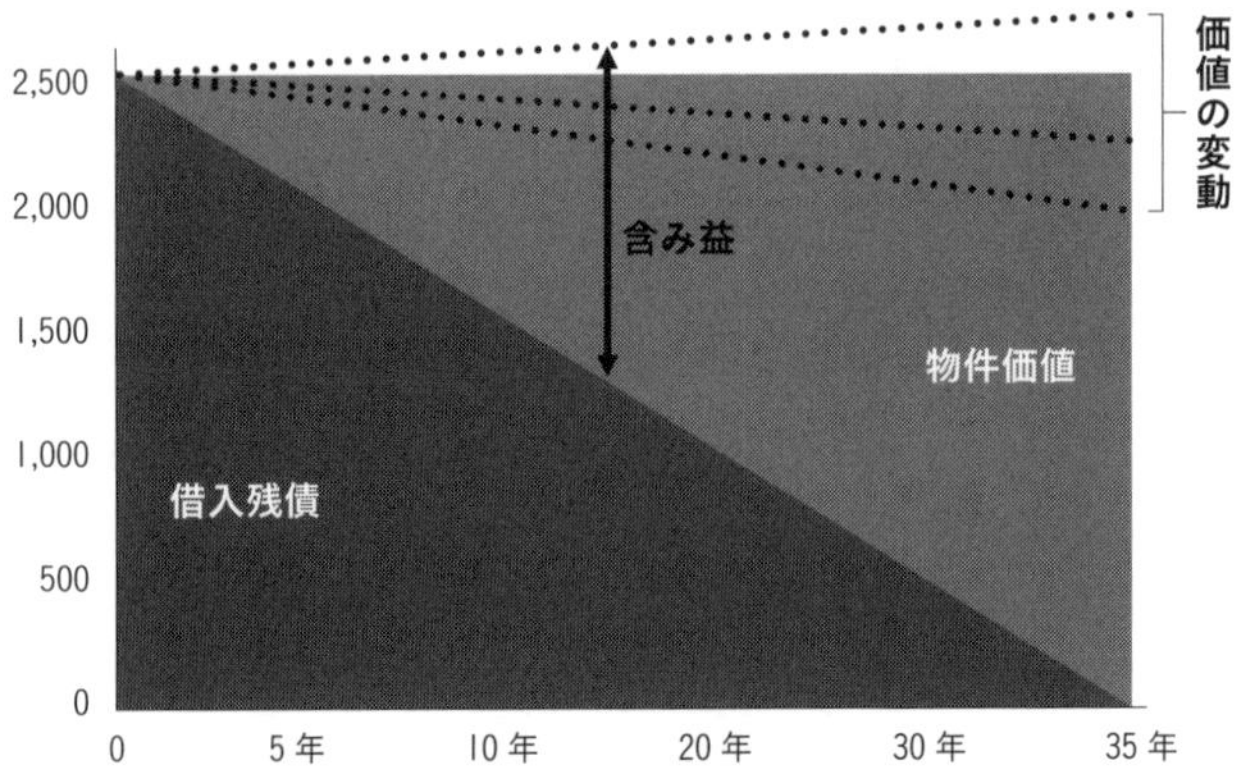

「担保」とは、お金の借り手がお金を返すことができない場合に備えて、貸し手に前もってお金の回収手段の保証として差し出すもの、などのことをいいます。

貸し手側の立場になって考えてみると、不動産投資のような、運用が長期間かつ高額な融資をする際、返済に不安のある相手には融資はしませんし、担保にする物件に融資額相当の価値がなければ希望額を貸すことはしません。担保となる物件の担保評価（物件価値）に関しては、主に立地（周辺環境や将来性）、収益性（賃貸需要や家賃相場）、建物構造（造りや築年数など）を確認します。万が一、返済が滞った場合、金融機関側で担保物件を売却し、貸付金に対し資金回収をできるかどうかを判断するためです。

つまり、金融機関の審査を経て融資を受けられる場合、購入予定物件は、融資返済期間中において担保としての物件価値があると、金融機関に認められたことになります。

前ページの運用イメージ図にあるように、購入物件の価値と借入残債は、運用期間が長ければ長いほど差益が生まれてきます。これは運用の**「含み益」**といわれています。仮に不動産運用を途中でやめて物件を売却するとしても、売却して得た資金で借入残債を返済し、残った部分を含み益として得ることができます。

このように、同じローンという呼び方でも、無担保ローンと有担保ローンでは、負担やリスクは全く異なります。

医師の皆さんでいえば、病院、クリニックも運転資金や設備資金を借入れ、それを元手に収益を上げ、借入返済をしていきますが、無担保ローンはそれと同じ構図になります。不動産投資で利用される有担保ローンでは、前述したとおり、収益性のある物件自体が担保となっていることに加え、**ローン返済のお金は、入居者の家賃収入＝他人資本である**、ということも大きな特徴です。

こういった仕組みから、自分自身の負担はとても少なく、ローンレバレッジ効果の高い運用ができるのです。

物件の資産価値を明確にする、収益還元法

長期的な運用を前提とした**不動産投資の含み益**を試算する上で、物件価値は実際にどの程度なのか、物件ごとに考える必要があります。これには明確な算出方法がありますので、大切なポイントに絞りお伝えします。

収益不動産の融資の担保評価をする際、金融機関も融資を決定するにあたり用いている「収益還元法」という算出法があります。

収益不動産から生まれる**１年間の利益を「還元利回り」で割って不動産の価格を算出**します。

したがって、計算式は、

「年間の家賃÷還元利回り＝不動産価格（物件価値）」ということになります。

還元利回りとは、不動産から得られる投資利回りのことで、物件情報でよく書かれている「利回り〇％」の数字のことです。

このような形で、所有されている収益不動産物件の物件価値は常に決まってくるので、**スタート当初から家賃という安定した収入を得られる不動産投資は、運用の含み益が見込め、借入れのリスクが最小限である**といわれているのです。

これらを明確に記したものとして、２００１年７月６日に発行された日本経済新聞の一面があります。

記事を要約すると、バブル崩壊以降、この時期を境に、国土交通省がこれまでの不

収益性により変わる物件の価値

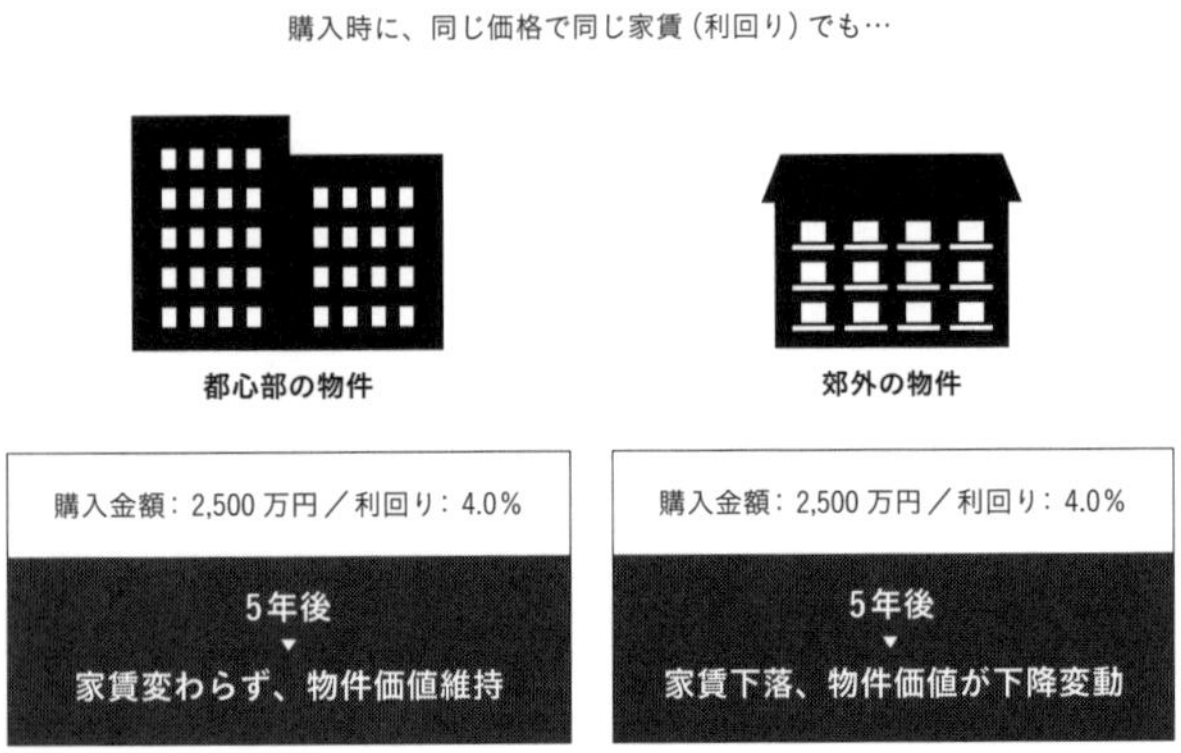

動産価格の「土地を中心とした評価」の基準から、「土地と建物を一体とみなし、賃料などの収益性」で物件価値を評価する基準にした、というものです。

国としても、土地を中心とした不動産物件価格の評価基準によって、バブル期に各金融機関が多くの不良債権を抱えてしまった過去の失敗を繰り返さぬよう、欧米で主流になっている「収益還元法」を不動産価格の評価基準として取り入れ、国内不動産取引への浸透が進み約20年近くになります。

欧米諸国と同様に、日本国内の不動産

取引でも、今やこの収益還元法を用いた物件価値の算出が金融機関を含めて主流になっています。

収益還元法が不動産価値の評価基準として主流になってからは、土地の価値だけではなく、その物件にどれだけの収益性があるか、を物件価値の算出根拠としています。つまり不動産投資にとっても、収益還元法が所有する物件価値を見極める判断基準であり、運用リスクを最小限に抑える上でも、利益を求めていく上でも、要になるということです。

この物件の選び方については、第5章で詳しくご説明していきます。

医師の「生涯3大リスク」に対応する、不動産投資の3大メリット

第1章と第2章のとおり、既にご理解いただいている医師の方も多いと思いますが、医師として生涯働くならば、避けられない**リスクが大きく3つ存在**しています。近い将来、他人事ではなくなるリスクなので、ご自身の現年齢をもとに、この節と第1章および第2章とあわせてご確認いただければと思います。

不動産投資のメリットの中でも、医師の生涯3大リスクに対応している不動産投資のメリットとその内容を中心に説明します。

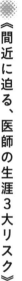

《間近に迫る、医師の生涯３大リスク》

その①　稼げなくなるリスク　⇩あと4年しかない!?　医師に迫る収入減少

その②　貯まらなくなるリスク　⇩今まで以上に手取りが増えない!?

その③　働けなくなるリスク　⇩高確率で急増する医療トラブル!?

これが、現在医療業界の抱える問題として危惧されている大きなリスクと、それに起因する医師個人へ直接降りかかると予想されるリスクです。

少々大げさに聞こえるかもしれませんが、これらのリスクは決して新しいものではなく、様々な国内事情によってついにその局面が訪れてしまう、といったある種既定路線のようなものですので、今後医師として10年、15年、20年と生きていかれる方は、他人事ではありません。本書でこれを今医師の皆さんへお伝えしている目的は、このような医師の生涯3大リスクと直面した時にこそ、不動産投資のメリットが最大限に発揮される、そう考えているからです。

ここからは、医師の生涯3大リスクそれぞれに対して内容を確認していきながら、不動産投資のどのメリットがどのように対応しているのかを見ていきましょう。

その①　稼げなくなるリスク

あと4年しかない!?　医師にせまる収入減少

対応する不動産投資のメリット

医師としての給料以外に安定した収入源を確保できる

《2024年の働き方改革による当直制限、残業時間上限》

健康は確保されるが、収入は確保されない。

⇩

厚生労働省を主管とし厚生労働大臣が任命する30名以内の有識者で行っている社会保障審議会では、2019年12月、5年据え置きとされ、遂に2024年から適用を開始する医師の働き方改革に対し、「地域医療への支障」と「医師個人の収入減少、副業・兼業（アルバイト）」に関する議論が相次いだと報告がでています。

m3.COMの記事によれば、このように書かれています。（抜粋）

○国立病院機構理事長の楠岡英雄氏

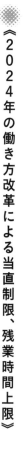

「副業・兼業によって収入を得て生活をしていた医師が、上限規制で兼業に影響が出ると生活ができなくなる。健康が確保できても、収入を確保できなければ問題であり、その辺りのバランスをどう取るかも考えていかなければいけない」

○日本医療法人協会会長の加納繁照氏

「大阪では、２次救急医療機関の当直の４割は、大学からの医師に頼っている。こうした状況が急に破壊されることがないように、副業・兼業のことをしっかりと考えてもらいたい」

○早稲田大学人間科学学術院准教授　松原由美氏

「大学病院の勤務医が、時間外労働の上限を課せられ、生活ができるのか。家族を持っている医師など、大学病院を辞めざるを得ない医師が出てくるのではないか。大学病院が最後の砦になっている地域では、地域医療が崩壊しかねない」

とそれぞれ述べています。

医師の働き方の変化

時間外労働年960時間程度≒週20時間の働き方（例）

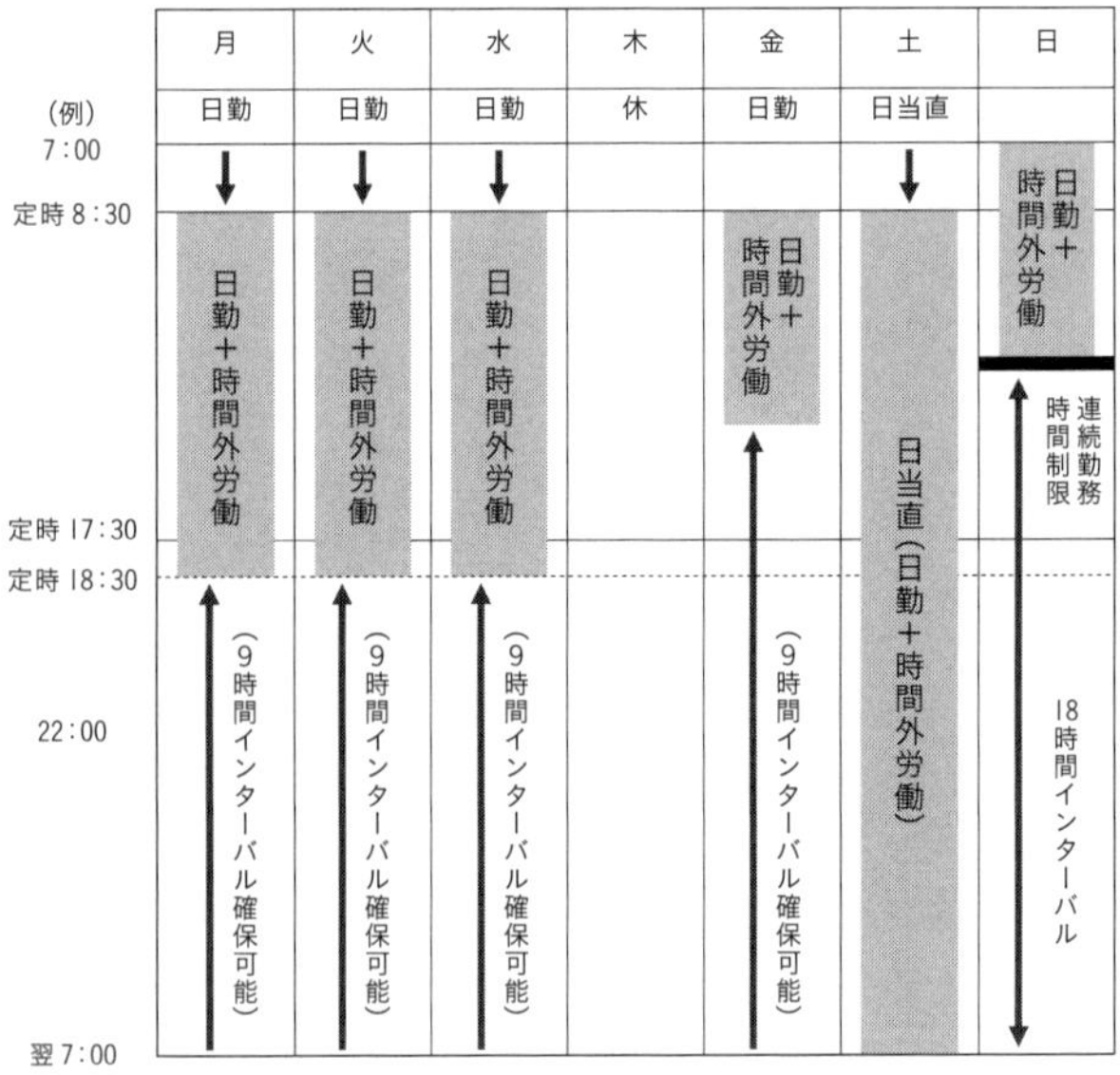

- 概ね週1回の当直（宿日直許可なし）を含む週6日勤務
- 当直日とその翌日を除く4日間のうち1日は半日勤務で、各日は1時間程度の時間外労働（早出又は残業）
- 当直明けは昼まで
- 年間80日程度の休日（概ね4週6休に相当）

出典：厚生労働省「医師の働き方改革に関する検討会 報告書」

こういったように、医師の働き方改革に対しては、医師側に立った有識者の方々からも、厚生労働省に対して様々な懸念や示唆をしています。とはいえ、既に一般の会社員などに比べて5年間適用を延期していることから、これ以上の延期はないと考えるのが妥当であり、その前提で、残された時間で医師個人として備えておくことが賢明ではないでしょうか。

4年という期間は、時間があるようで実はあっという間です。２０２０年の今年、パンデミックとなった新型コロナウイルスでの休業や自粛問題、それに伴うオリンピック・パラリンピック開催延期問題、国内外の大企業の株価暴落や経営破綻など、その年その年で予想だにしない出来事が起きるものです。加えて一般的な長期連休（お正月やゴールデンウィーク、夏季休暇）、家族事情（結婚、妊娠、子どもの進学）などを加味すると、実際に資産形成の準備をする稼働期間は実質半分ほどしかないのかもしれません。そういったことも想定し、早期の事前準備をお勧めします。

《２０２５年問題で加速する、病院経営圧迫による人件費削減》

第１章で詳しくご説明しました、２０２５年問題を起因とする医師の個人年収減少のリスクです。社会保障費の増大、高齢者の急激な増加、国民皆保険制度の持続不安、赤字病院の不採算部門統合や経営方針の転換の影響など、医師個人の報酬を脅かす問題は山積みです。

こういった間近に迫った環境変化の変調や予兆に対し、現在お勤め先の病院や勤務形態によって、時期や影響は様々かと思いますが、先ほどの働き方改革と同様に、限られた時間で医師の皆さんとしては、個人個人で備えていく必要があります。

また、医師の収入が下がってしまうリスクについては、不動産投資をご検討されるにあたって事前に知っておいていただきたい点があります。

それは、資金調達枠も減少することでの、投資としての機会損失の可能性です。

人口ピラミッドの変化

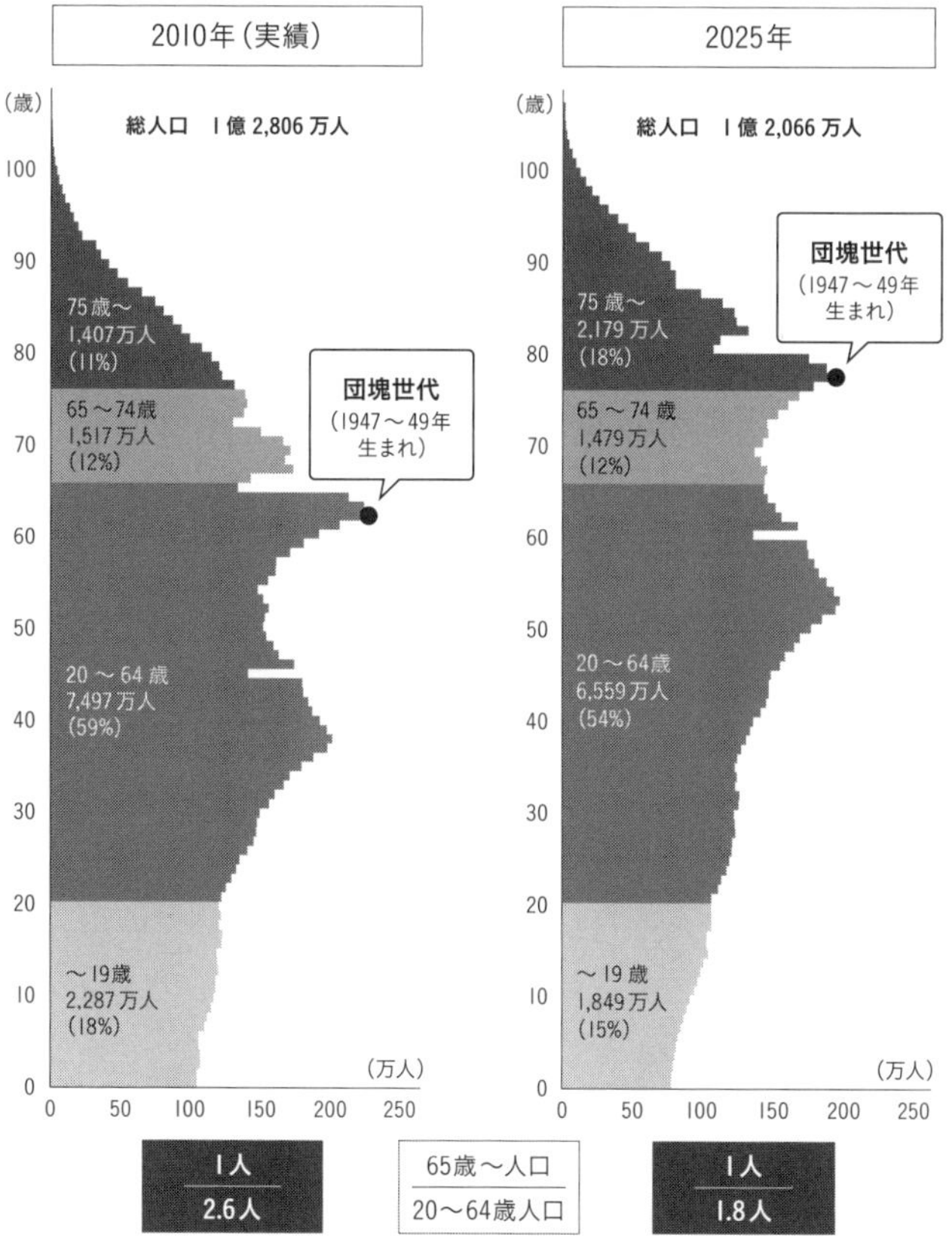

出典：総務省「国勢調査」及び「人口推計」、国立社会保障・人口問題研究所
「日本の将来推計人口（平成24年1月推計）：出生中位・死亡中位推計」より抜粋（各年10月1日現在人口）

黒字・赤字病院の数の割合（%）年次推移

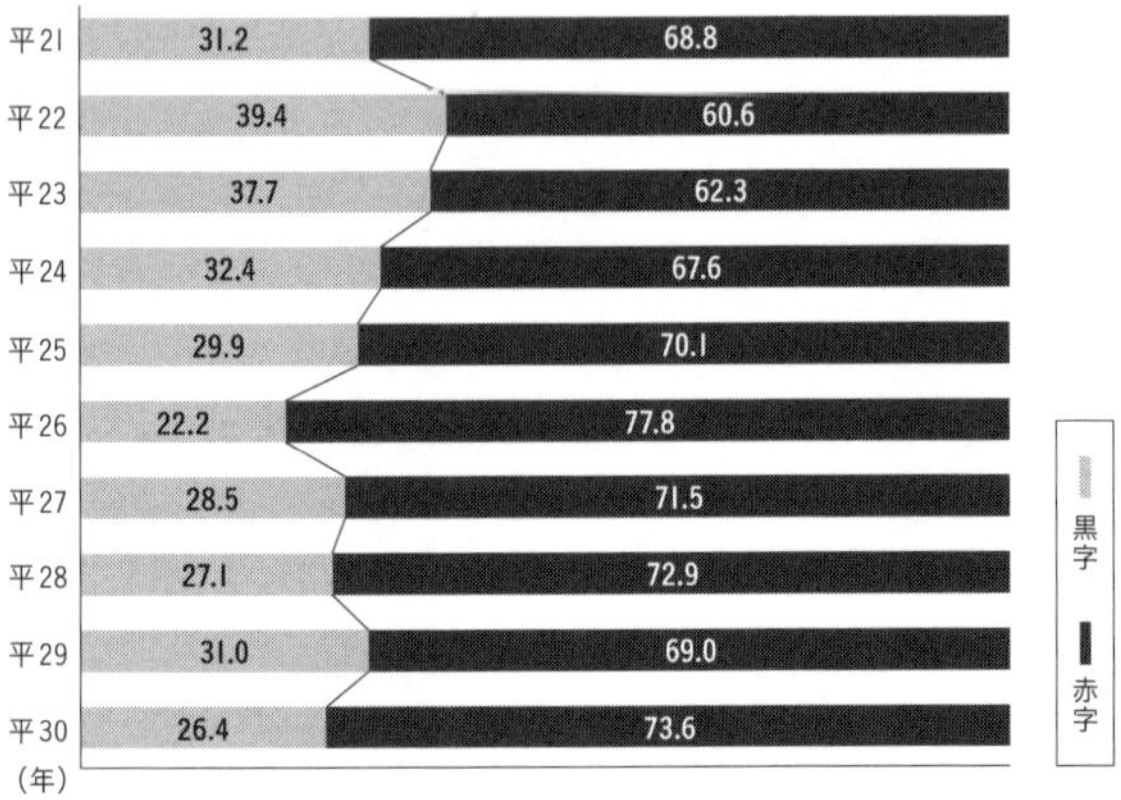

※他会計負担金・補助金等は総収益から控除した。また、6月1か月分の総費用と総収益の差額により黒字・赤字状況を判別した場合の病院数の割合である。

出典：一般社団法人 全国公私病院連盟「平成30年病院運営実態分析調査の概要」

所得年収が減少した場合、本来あったはずの投資の資金調達枠も大きく縮小されることになります。目先だけでなく、生涯収益の視点で考えると、これから実際に減少していく年収額のことよりも、いざという時の資金調達枠が減ってしまうことのほうが、不動産投資を行う上では機会損失としての影響が大きいのです。年収は何らかの形で取り戻せる可能性はありますが、資産形成として最適な機会を逃す損失については、時間が戻らない以上取り戻せません。

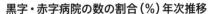

不動産投資を行う上で、とても重要な資金調達について、現在本書をお読みの医師の方が、社会的信用力という特権を十分に活かせる有利なお立場にあります。そのアドバンテージが縮小してしまう前に、資産形成をスタートすることをお勧めします。

「稼げなくなるリスク」に対応する不動産投資のメリット

医師としての給料以外に安定した収入源を確保できる

前述のとおり医療業界は「2024年の働き方改革適用開始」「2025年問題」を起因とし、医師を取り巻く環境はサバイバル時代を迎えることが予測されています。加えて、医師としての老後を見据えた将来設計をしていくには、続く「公的年金の受給額減額」、既に検討されている「受給年齢の引き上げ」も忘れてはいけません。2

018年4月には、財政による資源配分政策や予算のあり方などが審議される財政制度等審議会にて、財務省から「人生100年時代の到来にあたり、2035年までに公的年金の支給開始年齢を68歳まで引き上げるべき」とする資料が提出されました。さらに、現在では公的年金の支給開始年齢を75歳まで引き上げる案が検討されています。このように、公的年金制度だけを頼りに老後を送ることは、ほぼ困難な状況にあるといえます。

したがって、「稼げなくなるリスク」に対しては、不動産投資を取り組むことによって、月々の家賃収入が新たな収入源として確保でき、将来的にもしもの場合の備えになります。ローン完済年齢を計画的に合わせておけば、希望の時期から安定収入源を得ることが可能となります。また、インフレにも強いため、先々の老後資金としても安心です。

次ページのグラフは、公的年金制度の始まった当初から、公的年金の支給開始年齢と日本国民の平均寿命を対比したものです。制度スタート当初は、公的年金の支給開

年金の支給年齢と平均寿命の対比

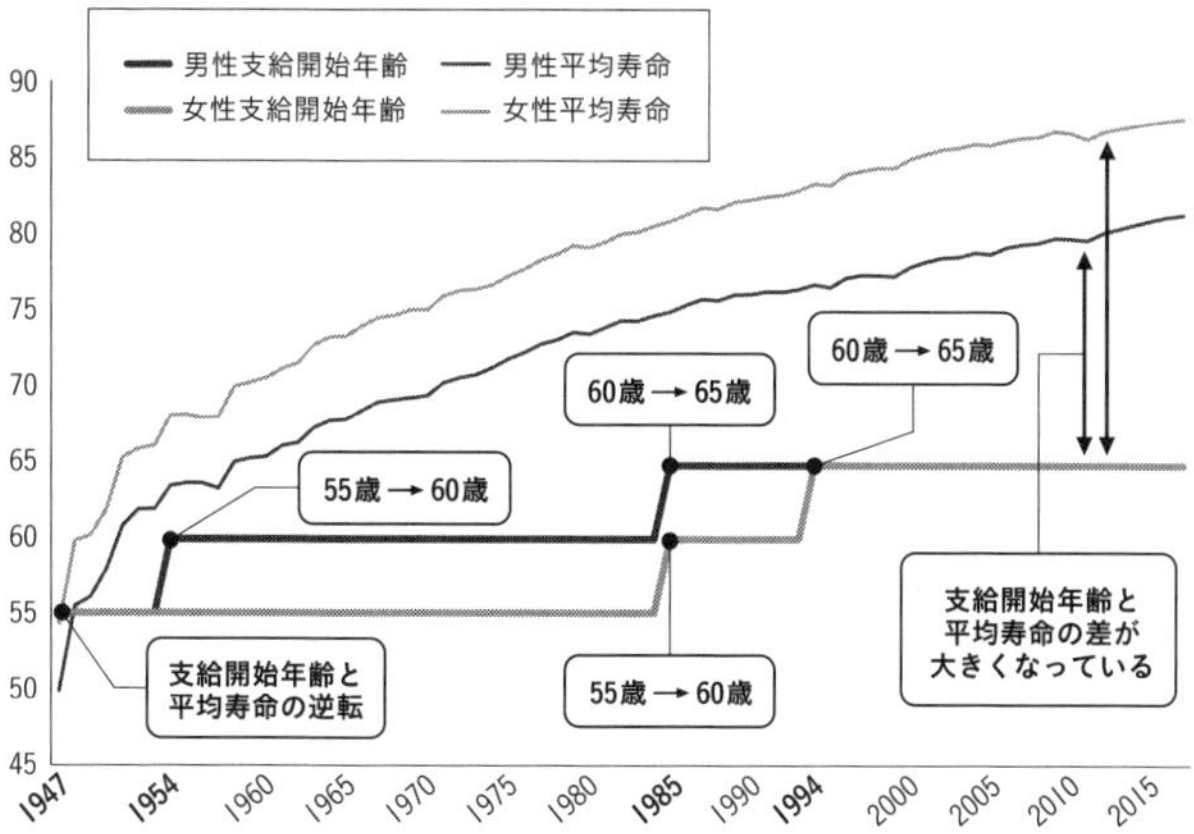

出典：厚生労働省

始年齢も55歳でした。これは、当時の国民の平均寿命が大きく関係しています。医療技術の進歩や福祉の充実で、今では男性81歳、女性87歳となり、過去70年で約20歳ほど平均寿命は延びています。比例して公的年金の支給開始年齢も１９８０年以降は60歳、65歳と段階的に引き上げられた後、68歳まで引き上げられるといわれています。また、人生１００年時代といわれている現代、２０２０年の法改正により公的年金の受給開始年齢を60歳から75歳の間の15年間から選ぶことができるようになりました。65歳を基準として10年間受給開始を遅らせることで、最大84％まで受給額が増額されるといったものです。一見理にかなった改正と感じられますが、現在75歳までの生存率は女性で88・1％、男性で75・6％ですので、仮に75歳まで年金受給開始年齢を繰り下げたとした場合、男性では4人に1人は年金を全く受け取ることができなくなることになります。このように、平均寿命が延びることで今まで何度も法改正を繰り返してきた公的年金制度ですので、今の現役世代の老後では、「年金受給開始年齢70歳を基準として80歳までの間の10年間で選ぶ」というような法改正なども現実のものとなるかもしれません。

その②　貯まらなくなるリスク

今まで以上に手取りが増えない!?

対応する不動産投資のメリット

所得税・住民税の節税対策として手取りを増やせる

《医師は所得税増税のメインターゲット》

前述の第2章で、国の財源確保の仕組みとして「どの年収所得者層にどのくらいのお金を負担してもらおうとしているかが一目瞭然」というお話をしました。既に重い税金が課せられている医師の皆さんではありますが、今後確実に増大していく社会保障費により、高所得者層への所得税増税はもはや避けられません。累進課税制度により、年収と額面の差はさらに開いていき、その結果、稼ぎが今より増えても手取りが増えないという状況が起こります。

改めての確認になりますが、左の2つの円グラフは、医師の平均年収である年収1500万円以上のわずか1・2％の方々が、日本の所得税納税総額の全体の約35％を毎年負担している状況を示したものです。グラフのように高所得者の方々が多くの負担を課せられる仕組みですので、医師である高所得者としての立場を上手に活用して

所得税納税率割合

民間給与所得者約6000万人の年収別比率

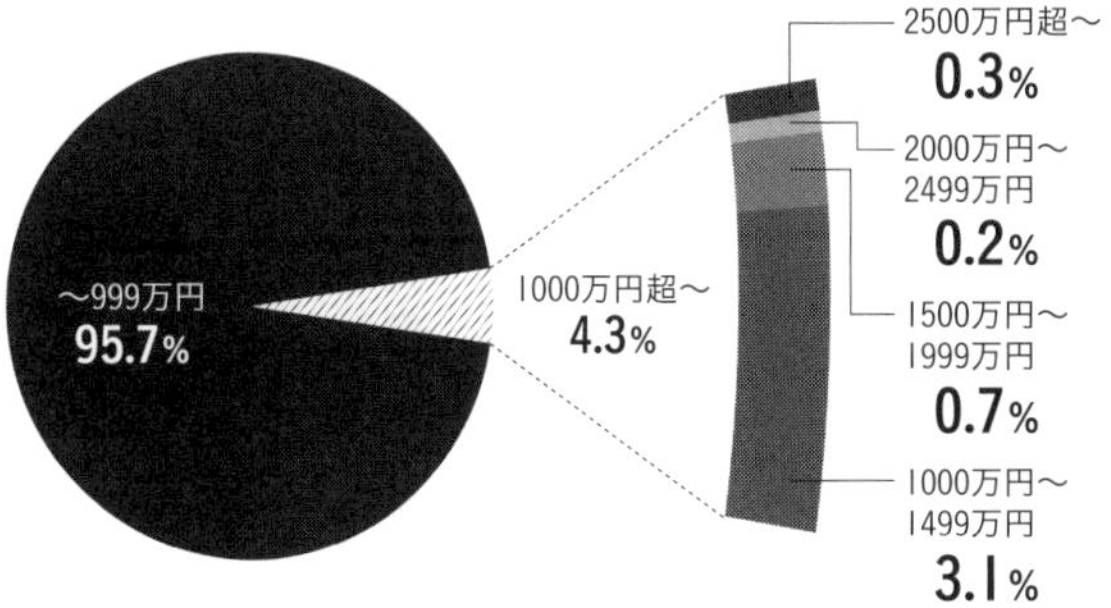

所得税の納税総額約11兆651億円に対する年収別納税額比率

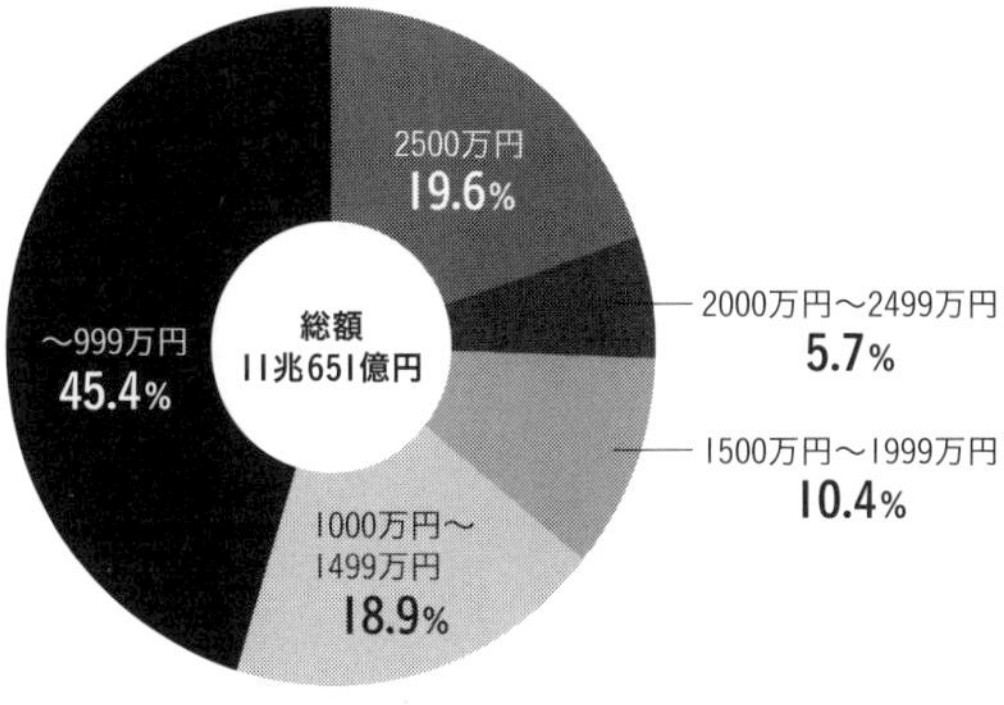

国税庁「平成30年分民間給与実態統計調査結果より作成

いきましょう。

「貯まらなくなるリスク」に対応する不動産投資のメリット

所得税・住民税の節税対策として手取りを増やせる

不動産事業による損益は、給与所得と合算することができるので、確定申告をすると税金の還付を受けられます。

※所得税法第六九条損益通算

具体的には、不動産の家賃収入からローン返済を差し引いた月々のキャッシュフローがプラスでも、諸経費を引いた帳簿上の損益はマイナスという状況であれば、その分を給与所得から差し引くことで年間の所得が減らせるので、大きな節税効果が期待できるという仕組みです。第2章でご説明した他の節税対策ではそれぞれ、イデコの場合「原則60歳まで積立金を受け取れない」「加入時や運用時に手数料が発生する」、ふるさと納税の場合「あくまで寄付」「節税にはなるが寄付金のほうが多いので結果、家計収支はマイナス」などの注意点も存在します。また、この2つの節税対策には、節税可能額にそれぞれ上限が設定されているため、医師ほど高所得である場合、納税額の大半に対して目に見えた効果は得られないのが現状です。

不動産投資の場合、節税可能額に対しての上限は設けられていません。医師には前述した3大特権があるので、「人より少ない資金と低い金利」で「大きな融資を受けられる」ため、一般では難しい「複数物件の運用」が可能となり、自分の望む節税金額を計画的に決め、毎年の納税額をある程度までコントロールすることができます。

今後、所得税増税の主対象になると予想される高所得者の医師の皆さんにとっては、手取り収入を増やすための最大の節税対策法といえます。

節税イメージ図

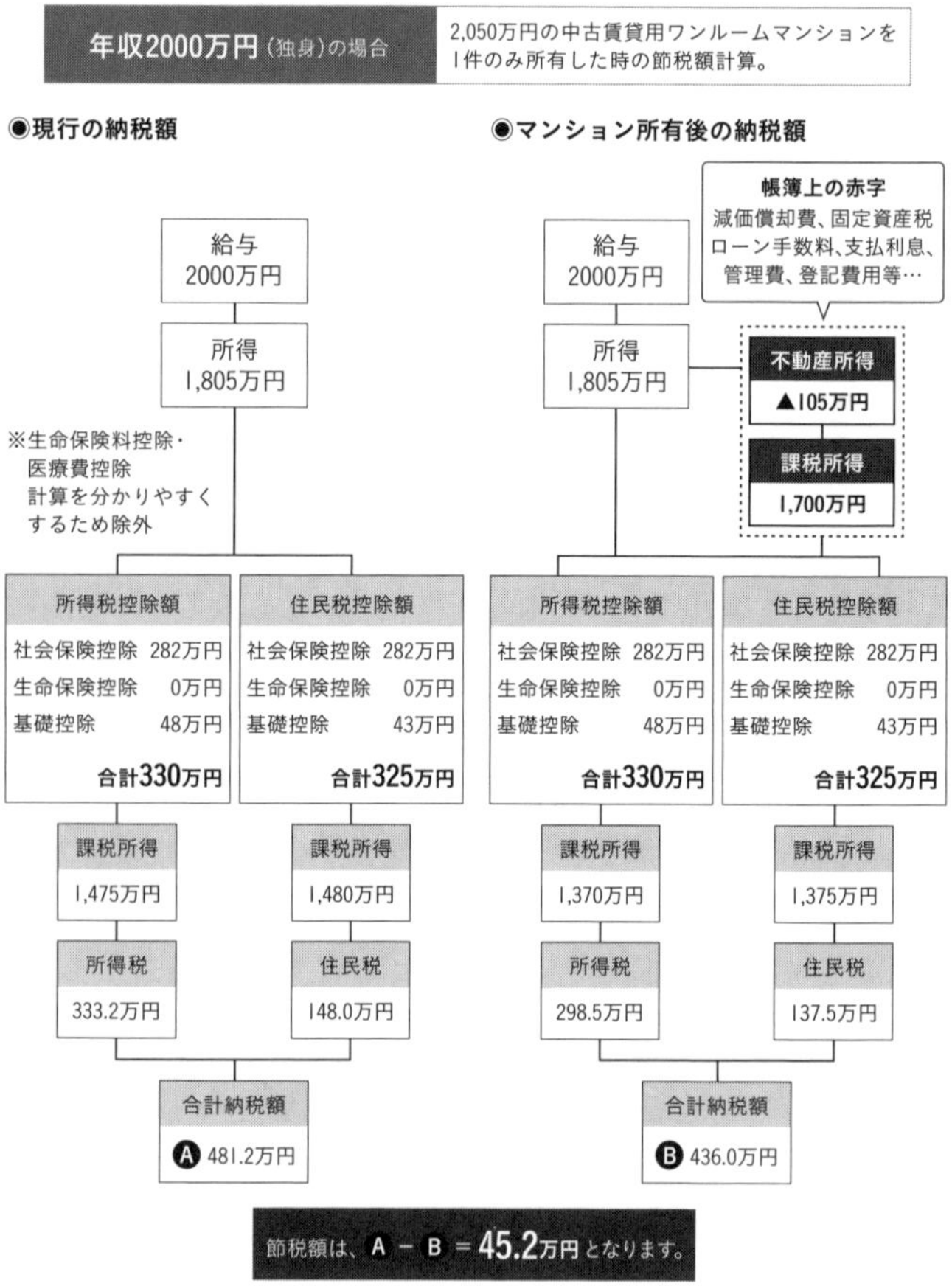
年収2000万円（独身）の場合
2,050万円の中古賃貸用ワンルームマンションを
1件のみ所有した時の節税額計算。
◉現行の納税額
給与
2000万円
所得
1,805万円
※生命保険料控除・
医療費控除
計算を分かりやすく
するため除外
所得税控除額
社会保険控除 282万円
生命保険控除 0万円
基礎控除 48万円
合計330万円
住民税控除額
社会保険控除 282万円
生命保険控除 0万円
基礎控除 43万円
合計325万円
課税所得
1,475万円
課税所得
1,480万円
所得税
333.2万円
住民税
148.0万円
合計納税額
A 481.2万円
◉マンション所有後の納税額
帳簿上の赤字
減価償却費、固定資産税
ローン手数料、支払利息、
管理費、登記費用等…
給与
2000万円
所得
1,805万円
不動産所得
▲105万円
課税所得
1,700万円
所得税控除額
社会保険控除 282万円
生命保険控除 0万円
基礎控除 48万円
合計330万円
住民税控除額
社会保険控除 282万円
生命保険控除 0万円
基礎控除 43万円
合計325万円
課税所得
1,370万円
課税所得
1,375万円
所得税
298.5万円
住民税
137.5万円
合計納税額
B 436.0万円
節税額は、A − B ＝45.2万円となります。

その③ 働けなくなるリスク

高確率で急増する医療トラブル!?

対応する不動産投資のメリット

・もしもの時でも安心の安定収益力
・がん診断でもローンが０円になる生命保険効果

医師の皆さんはご存じのことと思いますが、２０２５年以降を境にさらに高齢者割合が増え続け、持病を抱える高齢者患者や治療難易度の高い患者が急速に増え続けると予想されています。そういった前期・後期高齢者の診療が増えるということは、生活習慣病のケアや合併症の併発リスクがあり、それだけ医療訴訟などの医療トラブルが起こる可能性が高くなるということです。その対象は病院はもとより、医師個人、医局連帯で巻き添えを被ってしまうというお話も少なくありません。一度、医療訴訟を起こされれば、医師としての自身のキャリアプランや社会的信用など風評被害問題に発展する可能性が高いといわれています。

実際に全国の現役医師３８２０名が回答した「医師専用サイトMed Peer調べ」のアンケートでは、約９割が「日々医療訴訟に対して不安に思う」と回答していることから、多くの医師が本業に専念する上で精神的にも大きなストレスを抱えている状況がわかります。医療訴訟の件数は、年間約８００件程度となっており、審理期間は一般の民事訴訟に比べとても長く、平均で2年3カ月となっています。

こういった理由から医師の7割が加入しているといわれている医師の損害賠償保険ですが、保障範囲は損害賠償金が対象なので、その審理期間は、「医師としての労働

医療事故の刑事罰についてのアンケート

医療事故によって刑事罰を受けることを不安に感じますか？

回答	回答数	占有率
不安あり	3,466	90.7%
不安なし	354	9.3%
合計	3,820	100.0%

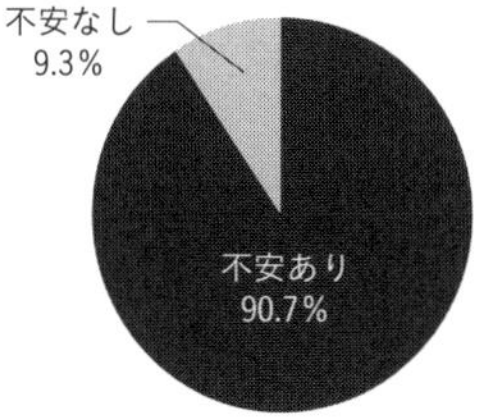

※「不安あり」回答者の、不安に感じる刑罰や損失の内容

順位	回答	回答数	占有率
1	逮捕・勾留などによる社会的信用の喪失・失職・キャリアプランの変更	835	24.1%
2	メディア報道による社会的信用の喪失・失職・キャリアプランの変更	774	22.3%
3	裁判プロセスにおける心理的負担	470	13.6%
4	逮捕・勾留・裁判出廷などによる時間の喪失	271	7.8%
5	懲役もしくは禁錮（5年以下）	249	7.2%
6	付随する行政処分（医師免許取消、業務停止など）	206	6.0%
7	付随する民事訴訟の賠償	80	2.3%
8	弁護士費用	31	0.9%
9	罰金（100万円以下）	22	0.6%
10	その他	528	15.2%
–	合計	3,466	100.0%

出典：医師専用サイト MedPeer

所得」が大幅に制限される可能性があります。つまり、医療訴訟を起こされたもしくは巻き込まれてしまった場合、社会的信用への影響から、勤務病院の失職や一時的な勤務制限などが予期せぬタイミングで起こり得る可能性があり、その期間は、**「医師として働けなくなってしまうリスク」**があります。

「働けなくなるリスク」に対応する不動産投資のメリット①

もしもの時でも安心の安定収益力

今後加速する可能性が高い医療トラブルは、医師の皆さんとしても他人事とはいえない大きな職業リスクの1つです。医師として働くことを一定期間、制限せざるを得ない状況に陥ってしまった時、内容は人それぞれではありますが、収入面や職場環境などその影響は決して小さなものではないでしょう。

一方で、今後の医療訴訟や医療トラブルの増加に伴い、医師の損害賠償保険の保険料は増加し、保険金が認められる条件がより厳しくなることや、弁護士費用の増加などを招く可能性も考えられ、医師個人に対する負担はさらに増えていくことが懸念されます。しかし、医師として働いていく以上、このような事態に備えたリスク対策費用については、削減していくのは難しいかもしれません。

しかし、不動産投資に取り組むことで、こういった「生命に関わらない万が一の時」でも、自身や家族を助ける、長期的な安定収入を得られる資産とすることができるのです。

万が一、医療訴訟や医療トラブルによって医師として一定期間労働を制限され、その状況が長期化してしまった場合、不動産投資のローン残債を自己資金もしくは他の所有物件の売却益を原資にして繰り上げ返済し、自身の代わりにお金に働かせ、家賃として収入を得ていくことができます。

自身の代わりに毎月最低限の一定の収入を確保する手段を持っているかいないかで、その状況におかれてしまった時の選択肢や精神的な余裕も大きく変わってきます。

また、不動産投資の運用は「多忙な医師にも向いている」といわれるほど手間のかからない投資商品のため、日々の医療行為に対する精神的な負担を減らしながら、本業に専念できる、というのも特徴です。

「働けなくなるリスク」に対応する不動産投資のメリット②

がん診断でもローンが0円になる生命保険効果

金融機関から融資を受けて不動産を購入すれば、団体信用生命保険に加入することになりますので、万が一のことがあった場合には、保険会社から金融機関へローン残債の全額が一括で支払われます。

※万が一の場合とは、亡くなってしまった場合はもちろん、高度障害を患い働けなくなってしまった場合などを指します。

これにより、無借金のマンションが資産として残ります。また、物件からは、残されたご家族に安定した家賃収入がそのまま引き続き入ります。

さらに、団体信用生命保険に加入する際、「がん保険付き」の団体信用生命保険に加入することもできます。

医師の皆さんもご存じのとおり、日本人の死因第1位はがんです。がんは万が一の病ではなく、2人に1人はがんにかかり、3人に1人はがんで亡くなっていますので、既に一般のがん保険に加入されている方も多いのではないでしょうか。

がん保険付き団体信用生命（がん団信）は、がんと診断されたら、その時点でローン残債がなくなります。

団体信用生命保険の効果について

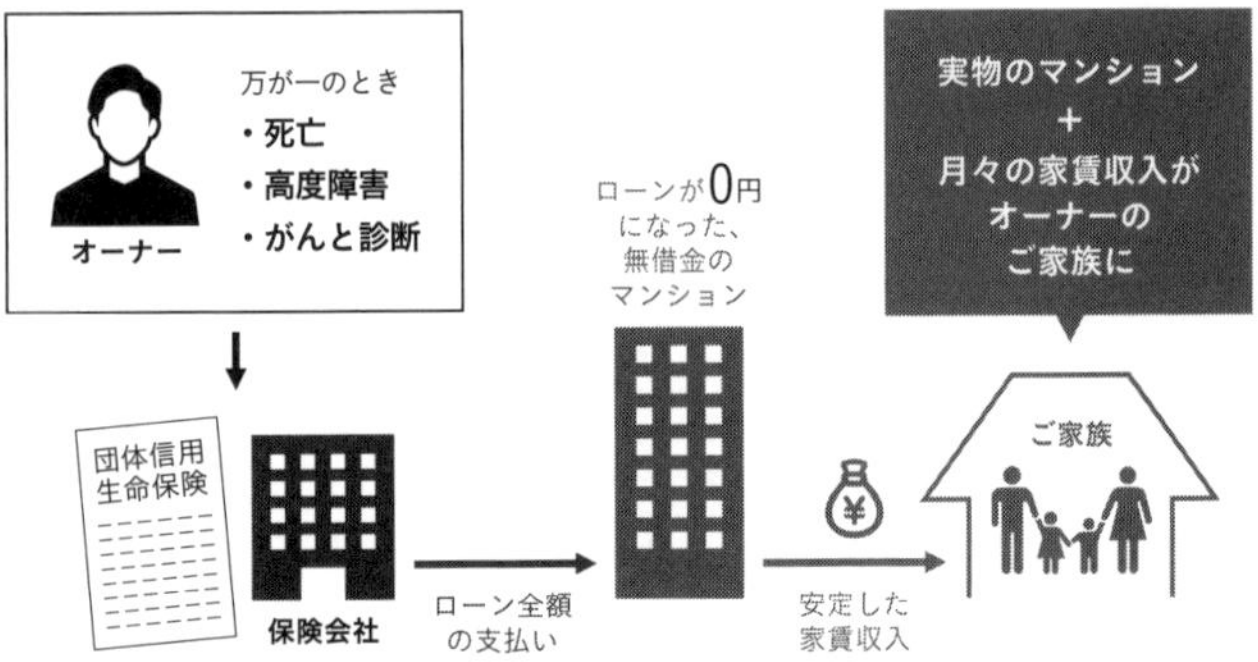

一般的に多いがん保険の主な保障内容は、がんになった時の医療費負担の軽減が目的なので、診断時の一時給付金、入院、手術、通院に対する給付金という形で用途が限定されているのに対し、不動産投資のがん団信では、診断時にローン残債が0円になることに加え、毎月の家賃収入を医療費も含めた生活全般で必要なお金に充てられるというメリットがあります。

近年の医療進歩や早期発見により、がん患者の10年生存率は5割を超え右肩上がりに上昇を続けています。

がんが治れば、医療費が不要になるので、そこからは安定した収入源になります。

この第4章では、「なぜ医師に不動産投資が向いているのか」について、順を追ってご説明させていただきました。

●医師が持つ3大特権（P127〜）
●不動産投資の仕組み（P138〜）
●医師の生涯3大リスクと不動産投資のメリット（P148〜）

第5章では、**不動産投資を始める前に知っておくべきポイント**を中心にご紹介していきます。

第5章

不動産投資を始める前に知っておくべきポイント

不動産投資における注意点とその対処法

前章では、主に医師と不動産投資との相性の良さについてご説明をさせていただきました。この第5章では、これから不動産投資のお取り組みを検討される方に向けて、事前に知っておいていただきたい大切なポイントについてご紹介します。

不動産投資も投資である以上、必ず注意点が存在します。想定していた家賃収入を得続けたり、自身が望む売却益を得るには、例えば医師の皆さんが症例報告から適切と思われる治療法を選択することと同様に、蓄積された経験やその注意点を事前に把握し対処していくことがとても重要になってきます。しかし、弊社にご相談をいただく皆さんの中には、「他社で不動産投資の話を聞いてみたが、リスクや注意点についいては詳しく聞けなかったから問い合わせた」という理由の方も少なくありません。本書では、**ここだけは必ず押さえておいてほしい、**という6つの**注意点**に絞ってご紹介していきます。

《事前に知っておきたい6つの注意点》

①空室の問題
②金利変動の問題
③修繕の問題
④物件（資産）価値の問題
⑤地震の問題
⑥管理会社の問題

①《空室の問題》

空室の問題とは、物件を賃貸している入居者が退去し、一時的な空室状態になることをいいます。空室状態の時は、家賃を払う入居者がいないので、当然オーナーへの家賃収入も一時的に入らない状態になります。

この空室の問題は、賃貸需要が高い優良物件をしっかりと選ぶことで、大幅に減らすことができます。この優良物件とは、エリアを限定しその中でも特に賃貸需要が高い、物件価値の下がりにくい物件、すなわち収益性の高いとされるいくつかの条件を満たすものです。

【対処法】

入居者は通常、賃貸借契約などに基づき退去の１カ月前に退去予告通知を行いますので、退去予告通知を受けてから１カ月間は家賃収入を得ながら、次の入居者が決まるまでの準備期間に充てられます。退去予告通知後からすぐに次の入居者の募集を開始できるので、空室期間をできるだけ短くすることができます。賃貸借契約は2年間程度の契約が一般的には多く、当然契約を更新して退去せずに住み続ける入居者の方もいますが、契約更新時期については常に把握しておきましょう。

また弊社は、オーナーの賃貸物件が空室になっても収入が途切れることがないように家賃保証サービスをご用意させていただいております。万が一に備えることはもちろん大切ですが、オーナー側としては、本当に優良な物件を購入することができれば、家賃保証サービスを利用する必要がないことはいうまでもありません。つまり空室の問題に対する最大の対処法は、優良物件を所有することなのです。具体的な内容については、本章後述の「優良物件の選び方とは」でご紹介します。

②《金利変動の問題》

金利変動の問題とは、金融機関から資金調達をして物件を運用する場合に、ローンの返済金利が上昇するリスクのことです。運用が中長期的な不動産投資において、返済期間中の金利変動は避けられません。

日本では、2008年のリーマンショック以降、長らく超低金利が続いています。第2章でも触れましたが、金融機関が金利を上げるのは、一言でいえば「景気が良くなった時」です。現在の超低金利も、日本の景気が低迷し続けているからに他なりません。しかし、将来的に日本の景気が回復し金融機関の金利が上昇した場合に備えて、対処法は確認しておきましょう。

【対処法】

先にお伝えしますが、不動産投資において金利の上昇は悪い面ばかりではありません。多くの場合、所有物件の物件価値や家賃収入も上昇傾向となります。金利の上昇局面では、その要因として先に経済がインフレ傾向にあることを意味するので、多くの場合は若干の時間差をもって物価も上昇する、というのが一般的です。

また、金融機関の金利が変動する場合、経済情勢によって**金利は6カ月ごとに見直されますが、返済額は5年間は変わりません。**返済額の変動が5年ごとなので、金利が上昇しても余裕を持って対応することができますので、慌てず動かず様子を見ながら、判断していきましょう。

③《修繕の問題》

修繕の問題とは、不動産を長期に渡って所有する場合、入居者の利便性を保ち安心して住んでいただけるよう、部分的に修繕が必要になることがありますが、その際にオーナーが負担する修繕費用のことをいいます。修繕の部分については2種類あり、お部屋の中である「専有部分」と建物の外壁や廊下、エレベーターなどの「共用部分」に分かれます。

専有部分の修繕では、入居者退去時の室内クリーニング、経年劣化によるクロスやカーペットの張替え、室内に設置してある冷暖房設備や給湯器などのメンテナンス・交換が必要になった場合に、その部屋の貸主の費用負担となります。

共用部分の修繕では、建物により多少異なりますが一般的に約10～15年に一度大規模修繕工事を実施しますので、そのための工事費用は部屋の所有者各自が毎月修繕積立金として積み立てていくこととなります。

所有物件に対してこういった必要経費を事前に想定できていれば、取り組む前に全容が把握でき、運用中に慌てて対応に追われるといったことも少なくなります。

【対処法】

専有部分ですが、部屋タイプ別の使用頻度で比較すると、単身者用のマンションはファミリータイプと比べ設備の使用頻度は低いため、専有部分の修繕費用が多額に及ぶことは比較的少ないといえます。

弊社のお客さまが所有されている管理物件でも、冷暖房設備や給湯器交換が20年以上必要なかったという例も少なくありません。さらに、こういった室内の設備については メーカーが毎年のように省エネ性能や耐久性の向上を競い研究開発し販売しています。現在の設備はどれも耐久性能が数段向上しているため、これから先はもっとメンテナンスや交換の頻度は低くなっていくでしょう。ただし、30年ほど前（バブル期）

に建てられた単身者用マンションの中古物件なども投資物件として他社で多く扱われていますが、一見収支が良く購入したはいいものの、専有部分の修繕や設備の交換で思ったより費用がかさんだ例などもあるので、注意しましょう。

共用部分の修繕については、建物全体の戸数（部屋の数）が多い物件を選んで購入することで、修繕積立金が上昇する金額を少額に抑えることができます。

大規模修繕を実施すると一般的に、各部屋の所有者からそれぞれ毎月プールされていた修繕積立金の残高が大きく減少するため、次の大規模修繕に備え毎月徴収される修繕積立金の額が数千円程度上昇することもあります。しかし、戸数が多い物件であれば、所有者全体からプールされる修繕積立金の総額も多く、所有者個別の負担が分散されているため、修繕積立金が上昇する頻度が比較的少なく、仮に上昇してもわずかな額に抑えることができる、という訳です。詳細については、次節「優良物件の選び方とは」でご説明します。

④《物件（資産）価値の問題》

物件価値の問題とは、主に物件の収益力低下、そして物件所在エリアのブランド力低下、景気動向などにより所有している不動産物件の物件価格（資産価値）が下がってしまうことをいいます。

前述の「物件の資産価値を明確にする、収益還元法」でご説明させていただいた内容と重複する部分がありますが、**不動産投資にとっても収益還元法が、所有する物件価値を見極める判断基準です。**運用が中長期にわたる不動産投資においては、この物件価値をどれだけ維持していけるかということが、重要といえます。

【対処法】

物件価値が下がらないようにするには、所有する物件の賃貸需要や収益力の高さに加え、建物の管理がしっかりとされているかどうかも確認しましょう。管理会社が計画的に修繕を行い、物件価値の保全に努めていれば、仮に物件価値が下がってしまったとしても、その下がり幅は比較的ゆるやかなものになるからです。

また、あえて物件価値が下がる前提としてその対処法をお伝えしましたが、仮に先述の何らかの理由で物件価値が下がってしまったとしても、物件価値がローン残債を下回らなければ、損をすることはありません。なぜなら、ローン残債は毎月入る家賃収入を使って確実に少なくなっていくので、物件価値がそれを下回らない限り、所有物件を売却した資金でいつでもローンを精算することができるからです。弊社にご相談をいただき初めて不動産投資のお話を聞かれる方の中でも、購入価格より物件の価値が下がってしまう=損をするのでは、とご心配されるケースがあります。

しかし、不動産投資にはこういった有担保ローンで行う投資特有の保障があります。

まず、賃貸需要が高い優良物件を金融機関が見極める担保評価額で購入し、運用中に資産価値の保全に努めていれば、新築時の販売価格を中古の販売価格が上回ることも珍しくはありません。

⑤《地震の問題》

地震の問題とは、大規模な地震に対し、所有物件に倒壊などの被害が及ぶことをいいます。

地震大国である日本においては、いつどのような規模で起こるか予測もできませんし、今後起きないともいえません。そのため、不動産投資に取り組まれる方は、仮に大規模な地震が起きてしまった場合でも、大きな被害を受けにくい物件を見極める必要があります。

【対処法】

大規模地震での建物倒壊への懸念については、**1981年6月以降に建築許可を受**

けて建築された建物を選ぶことで、概ね低減できます。

過去に大規模な地震が起き被害が生じる度、建物の強度強化を目的に建築基準法が改正されてきましたが、1981年に建物の耐震基準が大幅に改正され、「新耐震基準の建物」と「旧耐震基準の建物」と2種類に分かれることとなりました。この新耐震基準が施行された1981年6月1日が境目となっているからです。

一棟として考えた時に、ファミリータイプと比べて単身者用のワンルームマンションは、部屋ごとの区切りが多く柱や壁も密集しているため、その分鉄筋も多く使用されており、もともと構造的に耐震性には優れています。1995年の阪神淡路大震災では、1981年6月以降に建築された単身者用のワンルームマンションは倒壊していません。2016年の熊本地震では、マンションが1棟だけ倒壊してしまいましたが、このマンションは1981年6月以前の旧耐震基準に基づいて建築されたものであり、新耐震基準で建築されたマンションについては1棟も倒壊していません。つまり、新耐震基準が適応されて建築されたマンション（1918年6月以降に建築された物件）であれば、地震で建物が倒壊してしまう可能性は極めて少ないといえます。

万が一、所有物件の建物が倒壊してしまったとしても、土地の持分が残ります。都心部のマンションの場合であれば、土地の価値が約7割を占めるため、全てを失うといったことにはなりません。残った土地を売却すれば、約7割程度は資金回収が可能になる場合が多く、建物分の補てんとしては、もし地震保険に加入しておけば、プラス300万円程度の保険金が見込めますので、資金の全額を回収できる可能性があります。

⑥《管理会社の問題》

管理会社の問題とは、不動産投資の運用パートナーであり、家賃収入に直結する重要な役割をもつ賃貸管理会社が倒産してしまった場合にどうするかという問題です。

賃貸管理とは一般的に、入居者の募集、入退去、賃料の集金代行や滞納の督促、入居者からのクレーム対応などをいいます。比較的倒産することが少ないといわれる管理会社ですが、このご時世ですので、倒産してしまった場合も考えておきましょう。

【対処法】

万が一、管理会社が倒産してしまったとしても、所有者に著しい損害が出るような問題はありません。簡潔に申し上げれば、管理会社を変更すれば解決します。

物件購入後の所有権は所有者に移っているので、賃貸管理会社が倒産したからといって何かを失うようなことはなく、前述した賃貸管理業務を委託する会社を変更していただければ問題ない、ということです。弊社にも、「管理をしてもらっていた賃貸管理会社が倒産してしまったので、賃貸管理をお願いできないか」というお話をいただくことがあります。

とはいえ、オーナーとしては中長期の運用をする不動産投資の運用パートナーである会社が倒産するのは、決して気持ちのいいものではありません。

では、どのような賃貸管理会社が良いのでしょうか。参考までにお伝えしておきますと、任せられる賃貸管理会社とは、オーナーの立場で動ける経験とノウハウがある会社です。その要件を具体的にすると次の3つが挙げられます。1つは、賃貸管理経験が20年以上あること、2つ目は、1000戸以上の物件を常に賃貸管理していること、3つ目は、不動産物件の販売会社と賃貸管理会社が別会社（分社化）であることです。この3つを満たしていることが大切です。

賃貸管理には、先述した賃貸管理会社としての業務（入居者の募集、入退去、滞納督促、様々なクレームへの対応）を常時オーナーを代行して行うノウハウが必要です。これらのノウハウは、現場スタッフは相応の実務経験年数が、賃貸管理会社は管理戸数への適切な管理体制（管理戸数に対する業務のキャパシティ含む）の構築が大きく関係してきます。

どのような場合でも、オーナーの不利益にならない十分な対応をするためには、少なくとも20年以上の経験と、少なくとも1000戸以上を常に賃貸管理していることは必要だと考えています。また、販売会社と賃貸管理会社を分けているほうが良い理由は、販売会社が仮に倒産した場合でも賃貸管理会社が分社化していれば存続できるケースが多いからです。

ここまでは、不動産投資について事前に知っておいていただきたいポイントとして、《不動産投資における注意点とその対処法》をご紹介しました。

続いては、実際にどのようにして不動産投資の優良物件を選べばいいのか、について具体的にご説明していきます。

優良物件の選び方とは

前節では、不動産投資における注意点をお伝えしましたが、この注意点の多くと密接に関係し、不動産投資にとって最重要といっても過言ではないのが**物件選び**です。

弊社がお客さまへ不動産投資をご案内する際は、単身者用のワンルームマンションをお勧めしています。これには時代の流れに則した明確な理由があります。

日本では昨今、３世帯に１世帯が単身世帯という本格的な**「ソロ社会」**が到来し、さらなる加速が予想されています。国立社会保障・人口問題研究所「日本の世帯数の将来推計（※２０１８）」によれば、２０４０年には総世帯数の減少も影響し、単身世帯の割合は39・３％、全世帯中４割に迫ると予測されています。日本では、進む少子

家族類別で比較した世帯率推移

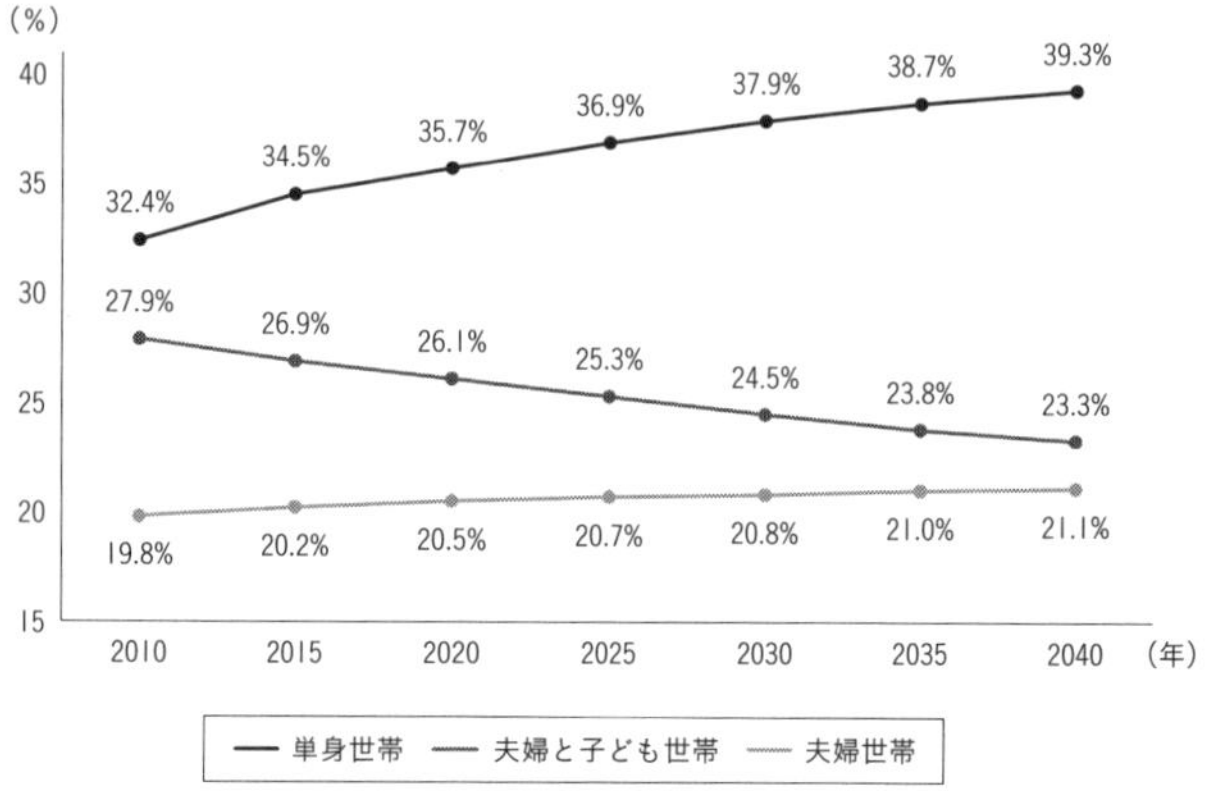

出典：国立社会保障・人口経済研究所

家族類別世帯数の推移

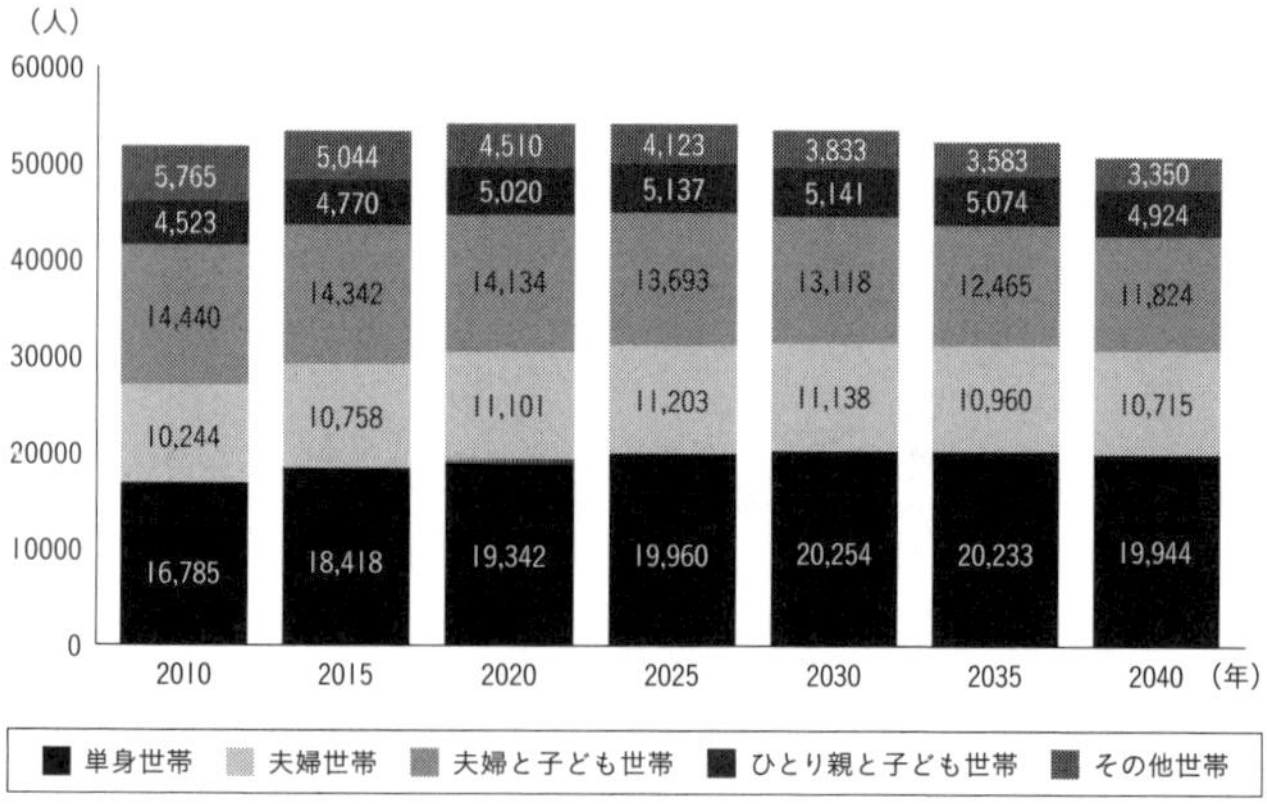

出典：国立社会保障・人口経済研究所

50歳時の未婚割合の推移と将来推計

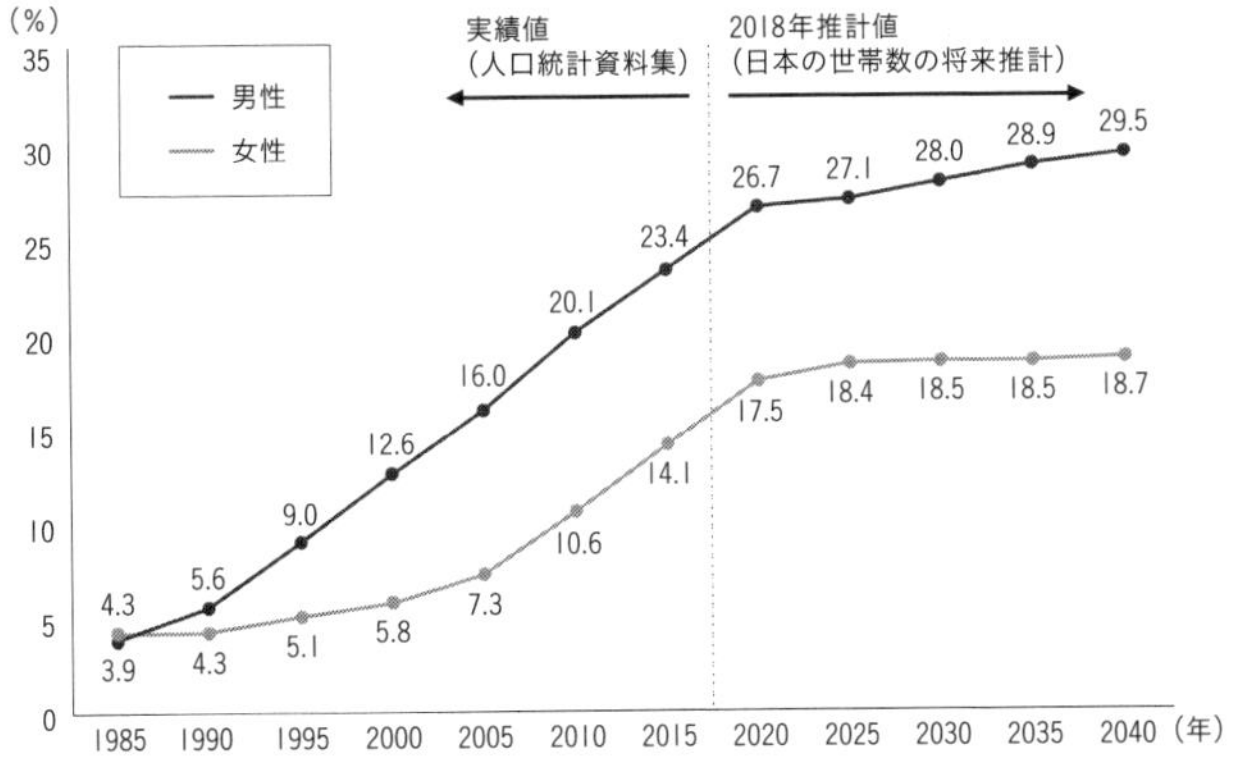

(注) 50歳時の未婚割合は、50歳時点で一度も結婚をしたことのない人の割合であり、2015年までは「人口統計資料集 (2018 年版)」、2020 年以降は「日本の世帯数の将来推計」より、45～49 歳の未婚率と50～54歳の未婚率の平均。

出典：内閣府

化に加え、晩婚化・未婚化・離婚率の上昇などにより、夫婦と子のファミリー世帯は減少を続け、単身世帯が急増していく、というのが各機関の共通見解です。

総務省統計局の国勢調査では、**生涯未婚率**は2015年時点で男性23%、女性で14%であり、約50年前に9%ほどだった**離婚率**も現在では約35%まで推移しています。集計上ではありますが、男性でいえば4人に1人が生涯未婚、約3割の夫婦が離婚しているということになります。

そしてこの単身者ですが、そのライフスタイルから、一般的にコンパクトな賃貸住宅を好む傾向が強くあります。

つまり、**将来的にも高い賃貸需要が見込める物件購入が重要な不動産投資では、これからの時代より一層、需要が高まる単身者用のワンルームマンションが最適である、**ということです。

では、どのエリアにあるワンルームマンションを選べばいいのでしょうか。結論から申し上げますと、**東京の都心部の物件**です。これにもいくつか明確な理由が存在しますので、説明していきましょう。

日本人口の減少局面に、唯一人口が増加する東京

第1章でも触れましたが、日本の総人口は長期の人口減少局面に入り、２０５３年にはついに1億人を割り、２０６５年には８８００万人程度まで減少すると予測され

将来人口推計

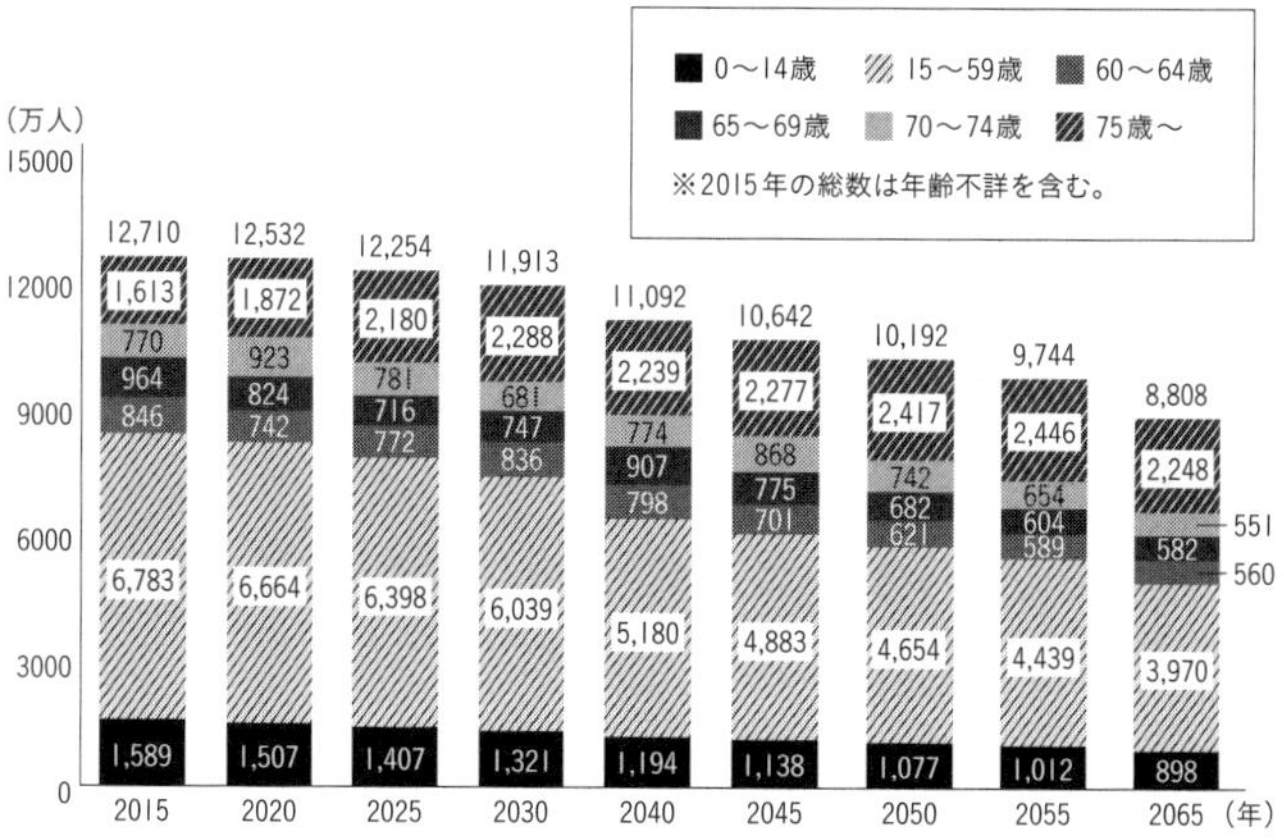

出典：総務省「国勢調査」「人口推計（平成28年10月1日確定値）」、国立社会保障・人口問題研究所「日本の将来推計人口（平成29年推計）」

ています。2020年現在と比較すると、総人口が今の約7割まで落ち込む試算です（上図参照）。

この大規模な人口減少局面にあっても、**唯一人口が増加すると予測されているのが東京都**です。

次ページの図は、国立社会保障・人口問題研究所の統計データと東京都の統計データを合わせて作成したものです。47都道府県の中で上位4位の大都市（東京・神奈川・大阪・愛知）と東京都の区部（23区）の人口推移と予測を比較したものです。2

人口推移 大都市圏＋東京都区

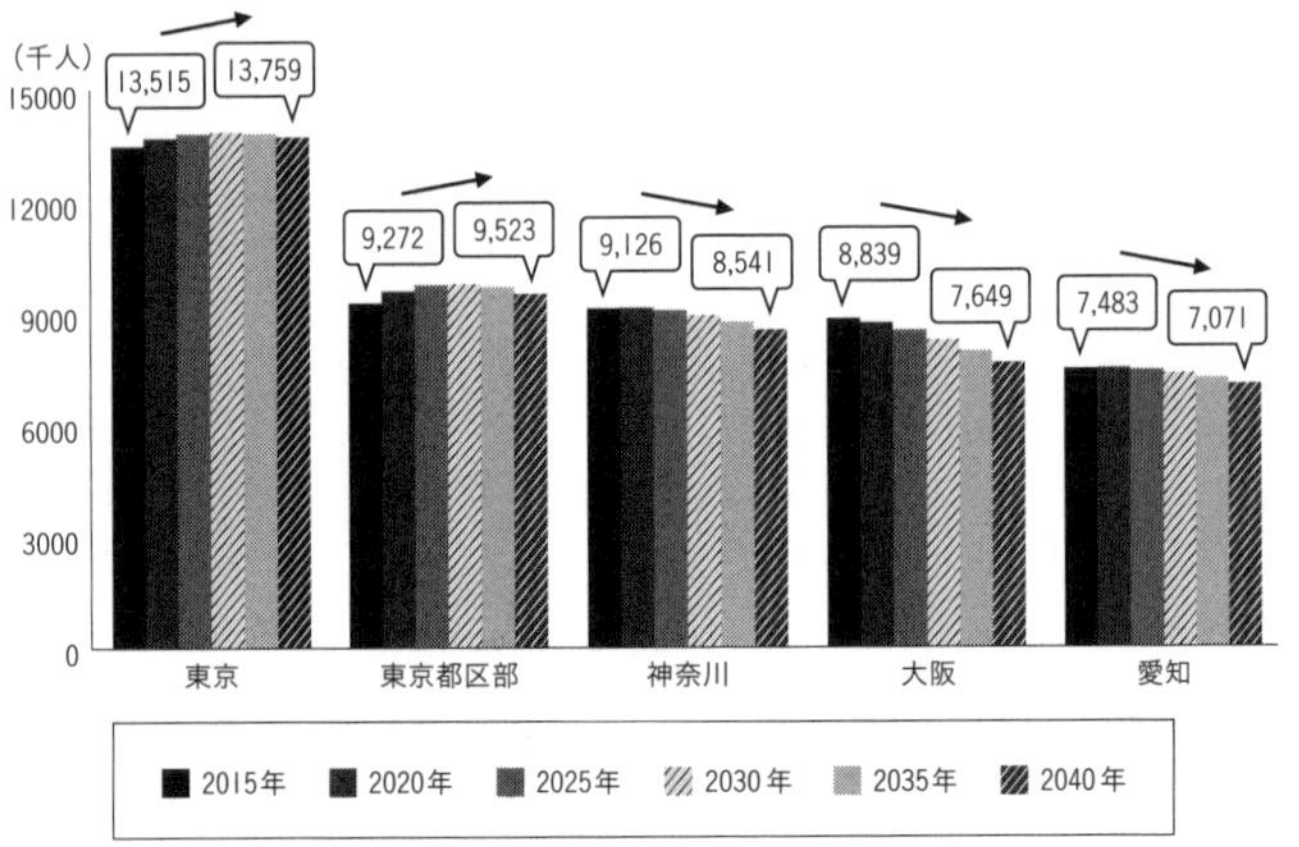

出典：国立社会保障・人口問題研究所『日本の地域別将来推計人口』（平成30年推計）

０１５年から２０４０年の25年間で、東京都以外の３都市は前ページ図の「日本の将来人口推計」と似た推移をたどり都市人口が減少の予測ですが、なんと唯一東京都だけが増加予測となっています。

　また、東京都の中心である区部に関しては、単身世帯率推移が全国推移を大きく上回り、２０２０年現在では、51・5％と既に区部総世帯数の半数を超えており、なおも上昇を続けています。

　ここまで、全国の世帯数割合と人

口推移、東京都の特に区部についてご説明してきましたが、ここまででも、**東京都区部の単身者を対象としたワンルームマンション物件の需要**が非常に高いことがおわかりいただけたかと思います。

ワンルームマンションの需要と供給

ここからは、東京都区部の単身者用ワンルームマンションの**需要に対する供給状況**に関してご説明していきます。

次ページの図のとおり、東京都区部の単身世帯数は毎年１万世帯から２万世帯の増加となっており、２０４０年までみても、この単身世帯増加推移は同水準で推移すると予測されています。その理由はいくつかあります。都心部の再開発などによる企業や大学の東京都心部への回帰・進出の傾向が強まっていることを背景に、毎年就職や進学により多くの単身者が流入、さらに、企業や大学の人材のダイバーシティ化によ

東京と全国の単身世帯比率

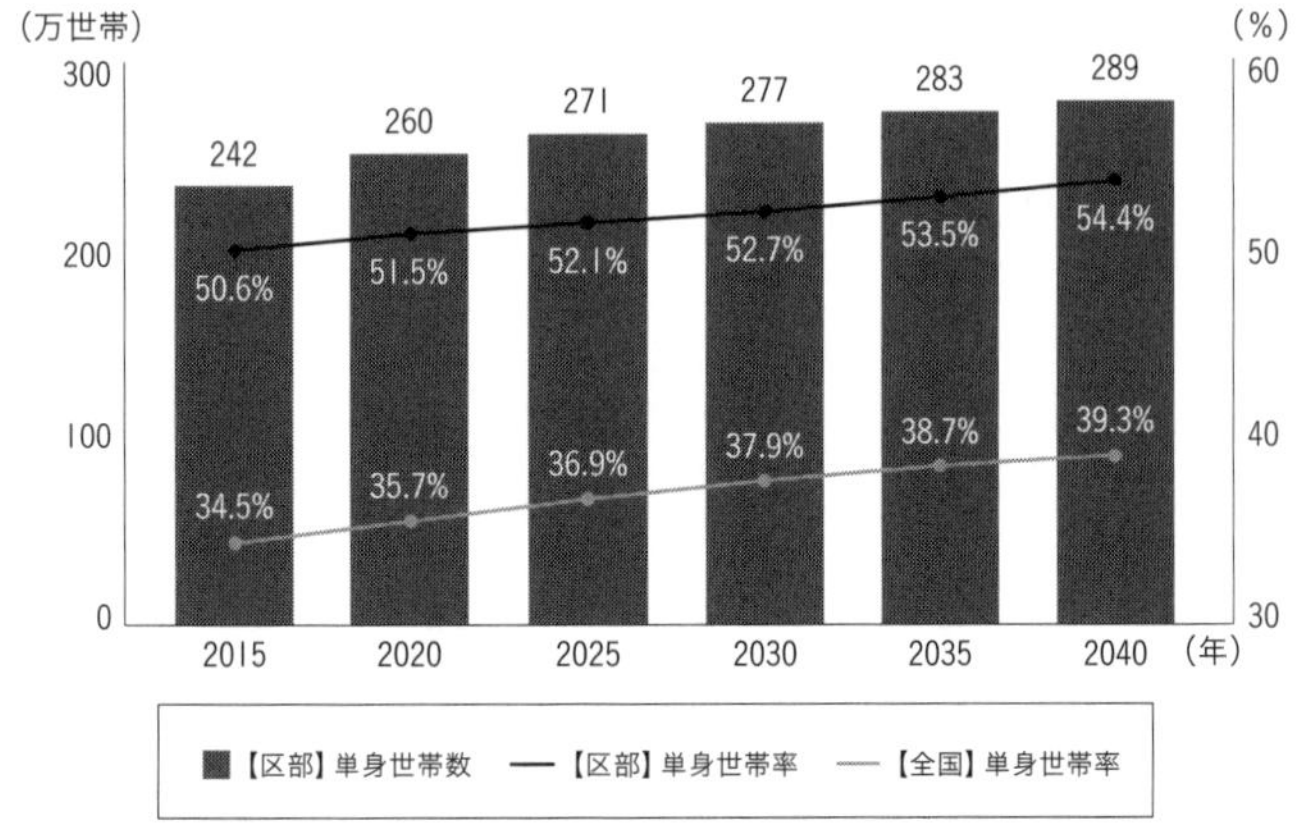

出典：国立社会保障・人口経済研究所、東京都 HPより作成

り、外国人ビジネスマンや留学生も年々増加傾向にあります。

ワンルームマンションについて見る限り、毎年約1万から2万世帯増えている東京都区部の単身者需要に対し、物件の供給が全く追いついていないのが現状です。

東京都区部だけでも単身世帯数は約250万世帯を超えているのに対し、ワンルームマンションの総戸数は首都圏全体でも約30万戸程度しかありません（次ページ図参照）。ただし、単身世帯全員がワンルームマンションに住む

首都圏の単身者向けワンルーム戸数推移

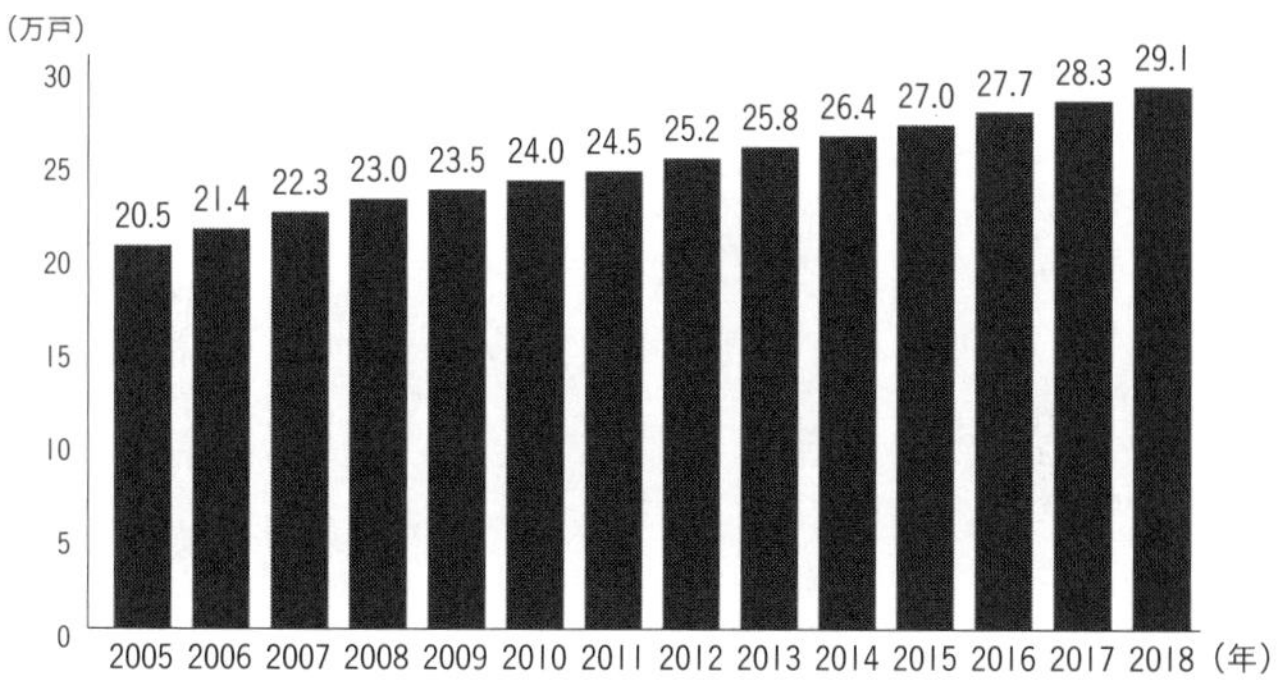

出典：東京カンテイ、不動産経済研究所の資料より作成

かといえば、そうではありません。木造アパートに住む方もいれば、広めのお部屋に住む方、ルームシェアをする方も中にはいるでしょう。それらを加味しても、ここまで需要（単身世帯数）と供給（供給戸数）がかけ離れている地域は全国で東京都区部以外はないのです。

「不動産経済研究所の2019年市場動向調査」では、首都圏の投資用ワンルームマンション供給戸数は2017年で約6000戸、2018年で約7800戸、供給の中心地域は東京都区

首都圏の投資用ワンルーム販売戸数（30㎡未満）

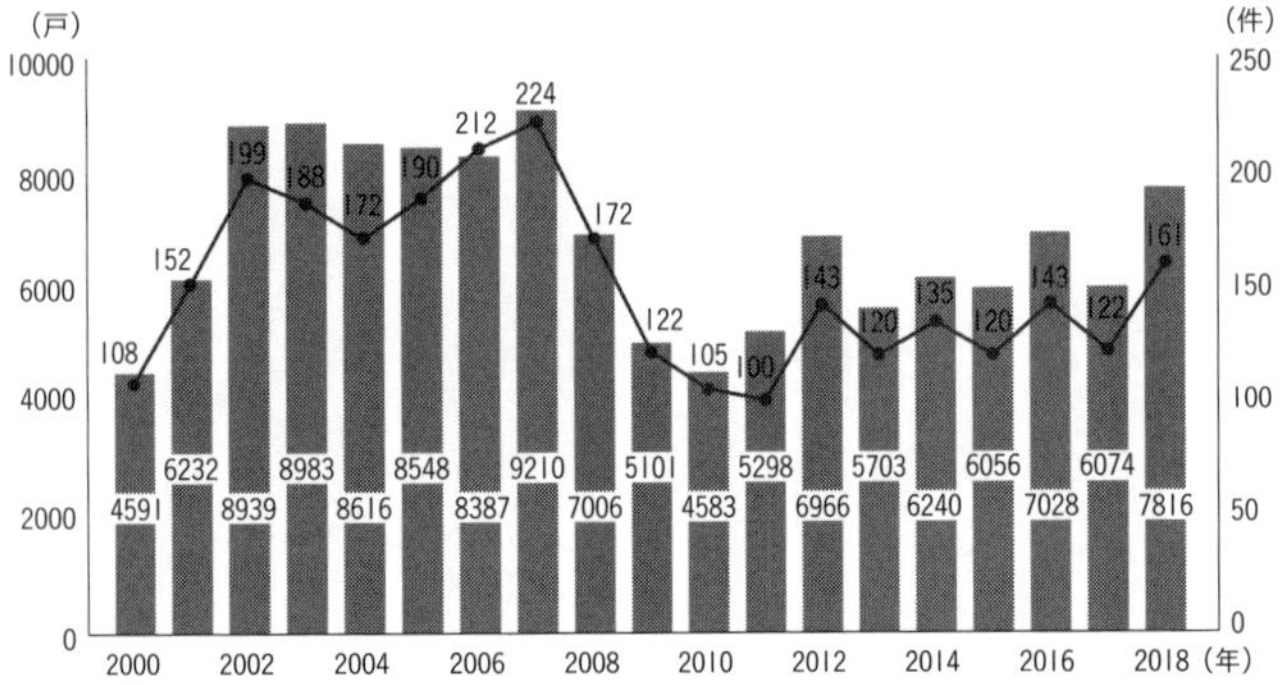

出典：不動産経済研究所の資料より作成

部であり、毎年首都圏全体の供給戸数の8割以上を占めています（上図参照）。

では、需要があるのになぜ首都圏のワンルームマンションの供給が追いついていないのでしょうか。上図では、投資用ワンルームマンションの年間供給戸数が２００８年以降、それ以前に比べ全体的に減少推移であることを示していますが、この理由は次節でご説明します。

ワンルームマンションの建築に対する規制

東京都23区の各自治体は、ワンルームマンションの建築を条例で規制するようになりました。これは２００８年頃に23区全体に広がり、現在では23区全てで条例または指導要綱による規制がされています。規制の内容を大まかにいえば、「ワンルームマンション建築の際、一定数のファミリータイプマンションを混在させなければならない」という義務を課したのです。なぜこのような規制ができたのか？　それは都心の単身世帯者の多くが住民票を置かず、各自治体にとって税収（住民税）を課すことができないため、そういった単身者を減らしたい、という背景があります。

規制によってファミリータイプのマンションを一定数混在させたり各部屋の専有面積を広くとったりと、ある程度広い土地が必要になりました。しかし、こういった広い建設用地を23区内で見つけ取得するのは容易ではありません。その結果、ワンルー

ファミリータイプ住戸の設置条件
総戸数が20戸以上の場合、40㎡以上の住戸の面積の合計が、全体の面積の合計の1/3以上とすること
40㎡以上の住戸の総床面積が、全体の1/3以上とすること
総戸数が30戸以上の場合には、専用面積50㎡以上を次の戸数以上にすること ①商業地域：(総戸数−29戸)÷10+1　②その他の地域（近接商業地域含む)：(総戸数−29戸)÷5+1
30㎡未満の住戸が30戸以上の場合、40㎡以上の住戸を下記の戸数以上にすること ①第一種低層住居専用地域：(30㎡未満の住戸数−29)×1/2 ②その他の用途地域：(30㎡未満の住戸数−29)×1/3
総戸数が15戸以上の場合、(総戸数−15)×1/2以上を40㎡以上の住戸にすること
総戸数が15から49戸の集合住宅は、総戸数の3分の1以上を40㎡以上の住戸とすること（その他、規模に応じた規定がある）
総住戸数が25戸以上100戸未満の集合住宅は、30％以上を40㎡以上の住戸とすること（その他、規模に応じた規定がある）
なし
30㎡以下の住戸数が、①15戸以上19戸以下：1戸 ②20戸以上29戸以下：2戸 の40㎡以上の住戸を確保すること（30戸以上は用途地域別で異なる）
40㎡未満の住戸数が30を超える建築物は、(総戸数−29)÷2以上を、40㎡以上平均55㎡以上の住戸にすること
30戸以上の集合住宅の場合、用途地域によって一定数の40㎡以上の住戸数を確保すること 例：第1・2種低層地域の場合→1+(住戸数−30)×1/2
40㎡未満の住戸数が30戸以上で、延べ面積が1500㎡の集合住宅では、40㎡未満の住戸数が30戸を超える部分の1/2の住戸数を40㎡以上、平均50㎡以上の住戸とすること
次の基準に従い50㎡以上の住戸を設置すること ・商業地域：(総戸数−15)×1/3以上　・商業地域以外：(総戸数−15)×1/2以上
(総戸数−11)×1/2以上の戸数を40㎡で複数の居室を持つ住戸にすること ※環境負荷軽減に配慮した計画の場合、緩和措置あり
40㎡未満の住戸が20戸を超える場合は、20戸を超える部分の1/2以上を40㎡以上の住戸とすること
なし。ただし30㎡未満の住戸が9戸以上の場合、1戸につき50万円課税される
なし

当社調べ

単身世帯向用住居の開発規制

行政区	対象物件	最低面積
千代田区	階数が地下を含めて4階以上で、専用面積が30㎡以下の住戸が10戸以上の集合住宅	25㎡
中央区	地区計画指定地域内の10戸以上の集合住宅	25㎡
港区	37㎡未満の住戸が7戸以上の集合住宅（50㎡以上の住戸が総戸数の4分の3以上ある場合を除く）	25㎡
新宿区	地上3階建て以上で、30㎡未満の住戸が10戸以上の集合住宅	25㎡
文京区	40㎡未満の住戸が10戸以上の集合住宅	25㎡
台東区	総戸数が10戸以上の集合住宅	25㎡
墨田区	「15戸以上」、もしくは「地上3階建て以上で10戸以上」の集合住宅	25㎡
江東区	「地上3階建て以上」、「住戸15戸以上」、「半数以上が40㎡未満の住戸」の条件に該当する集合住宅	25㎡
品川区	「地上3階建て以上」、「30㎡未満の住戸が15戸以上で、総戸数の3分の1以上」の両方の条件を満たす集合住宅	20㎡ （第一種低層地域は25㎡）
目黒区	40㎡未満の住戸が10以上で、3階建て以上の集合住宅	25㎡
大田区	15戸以上の集合住宅	25㎡
世田谷区	次の条件の集合住宅 ・住居系または準工業の地域：地上3階建て以上で40㎡以下の住戸が12戸以上 ・商業系の地域：地上3階建て以上で40㎡以下の住戸が15戸以上	25㎡
渋谷区	「地上3階建て以上」、「33㎡未満の住戸が15戸以上で、総戸数の3分の1以上」の両方の条件を満たす集合住宅	28㎡
中野区	地上3階建て以上で、12戸以上の集合住宅	25㎡
杉並区	「地上3階建て以上で20戸以上」、もしくは「地上3階建て以上で40㎡未満の住戸が6戸以上」の集合住宅	25㎡ （10戸未満の場合は20㎡）
豊島区	地上3階建て以上で、15戸以上の集合住宅	25㎡
練馬区	30㎡未満の住戸が20戸以上の集合住宅	25㎡

ムマンションが建ちにくくなり、206ページの図にあったように2008年以降から供給が減少したのです。**現状から鑑みて、この先も供給が追いつくことは考えにくいでしょう。**

マンションの寿命は100年を超える

2013年に国土交通省が出している資料では、マンションの耐久性について、**鉄筋コンクリート造建物の物理的寿命は117年と推定**されています（中古住宅流通促進・活用に関する研究会報告書から抜粋）。国内大手不動産会社でも近年、渋谷区の好立地の土地に対して70年の定期借地権契約を結び、その土地に総戸数約500戸ほどの大規模なマンションを建設、販売しています。国内大手不動産会社でも、少なくとも70年間はマンション自体の耐久性に問題はない、と判断しているのです。この大規模マンションもワンルームマンションも同じ鉄筋コンクリート造のマンションとなって

RCマンションの寿命に関わる既往の研究例

テーマ分野等	得られた知見	根拠論文名等
鉄筋コンクリート部材の損傷程度の実態調査	実態調査を行った結果、鉄筋コンクリート部材の耐久実態は50年以上あると認められた。	篠崎徹・毛見虎雄・平賀友晃・中川宗夫・三浦勇雄（1974）「約50年を経過した鉄筋コンクリート造の調査」日本建築学会学術講演梗概集
鉄筋コンクリート造建物の減耗度調査に基づく物理的寿命の推定	実際の建物の減耗度調査の上、建物の減耗度と実際の使用年数との関係から、鉄筋コンクリート造建物の物理的寿命を117年と推定。	飯塚裕（1979）「建築の維持管理」鹿島出版会
構造体としての鉄筋コンクリートの効用持続年数	鉄骨鉄筋コンクリート造及び鉄筋コンクリート造の構造体の耐用年数は、鉄筋を被覆するコンクリートの中性化速度から算定し中性化が終わった時をもって効用持続年数が尽きるものと考える。鉄筋コンクリート部材の効用持続年数として、一般建物（住宅も含まれる）の耐用年数は120年、外装仕上により延命し耐用年数は150年。	大蔵省主税局（1951）「固定資産の耐用年数の算定方式」
鉄筋コンクリート造の住宅・事務所等の平均寿命	固定資産台帳の滅失データを基に、区間残存率推計法を用いて、家屋の平均寿命（残存率が50%となる期間）を推計した結果（2011年調査）、RC系住宅は68年、RC系事務所は56年。	小松幸夫（2013）「建物の平均寿命実態調査」

出典：厚生労働省「中古住宅流通促進・活用に関する研究会」報告書

おり、自分自身よりも寿命が長いといえそうです。

ここまで、不動産投資に向いているのは**「東京都心部のワンルームマンション」**であるという点について、様々な角度から検証しご説明してきました。

では、実際に東京都心部のワンルームマンションを所有し不動産投資を始めようと考えたとします。すると具体的な疑問が浮かんできます。それは、「どういう物件を選べばいいのか？」ということです。当然、どのような物件でも良いという訳ではありません。

ワンルームマンションも実に様々なタイプの物件が存在しますが、投資効率の良い不動産投資を行うためには、一定の条件を満たす**特に資産価値の下がりにくい物件**を所有することがとても重要です。

そこでここからは、**不動産投資を目的に東京都心部のワンルームマンション物件を選ぶ際の、「外せない6つの条件」**をご紹介します。

物件選びで外せない6つの条件

物件選びで外せない条件は、左の6つです。

①立地
②周辺施設
③将来性
④耐震性
⑤設備
⑥マンションの規模

他社で不動産投資のお話を聞かれたことがある方の中には、これらが重要であるというご説明はあってもおかしくありませんが、**具体的な判断基準**まではご存じない方がほとんどかと思いますので、1つずつご説明していきます。

①立地

東京都心部では、通勤や通学などの移動手段は主に電車だと思います。

そのため、企業の事業所や大型商業施設などが多くある東京、新宿、渋谷、品川、上野、池袋といった**主要ターミナル駅まで短時間でいけるかどうか**が1つの判断基準です。さらに、**物件から最寄り駅まで徒歩10分以内で行ける立地**が理想です。

②周辺施設

物件の徒歩圏内に日常生活に必要な施設が揃っているかどうかも判断基準になります。主にコンビニや銀行ＡＴＭ、書店、ドラックストアやスーパーなどがあることも重要です。

また、スーパーは営業時間が夜9時や10時までなら仕事が多忙な単身者にも喜ばれますし、その他でも、最寄り駅から物件までの帰宅ルートに簡単に外食ができるお店やお惣菜屋など、単身者の食生活に寄与するお店があればより住みやすいでしょう。

③将来性

その物件が将来性のあるエリアにあるかどうかも重要です。将来性のある地区とは、簡潔にいえば今後発展する可能性がある地区や街のことです。将来性のあるエリアや街には、いくつかポイントが挙げられます。

《将来性のある地区の主なポイント》

①駅前再開発の有無
②鉄道新線や新駅の開通
③大型ショッピング施設の開業
④大学の誘致

再開発が行われた地区や街はその多くが活性化し、物件価格は上昇します（記憶に新しいところでは六本木や汐留など）。また、物件のアクセス圏内に大学が誘致されると単身者が増加するので、入居希望者は高確率で増加します。

いくつか例を挙げるならば、東京オリンピック開催に関するエリアとして、江東区があります。新型コロナウイルスのパンデミックにより開催は1年間延期となってしまいましたが、オリンピックの競技関連施設が多く建設され、今後も継続されます（２０２０年7月執筆時点）。東京都市部でも、２０２１年の開催予定に向け、訪日外国人向けの受け入れ宿泊施設や空港、交通機関など、大規模なインフラ整備がまだまだ続きます。また、品川駅と田町駅の間に、山手線では49年ぶりに「高輪ゲートウェイ駅」が開業、渋谷でも１００年に1度の大規模再開発が着々と進み、リニア中央新幹線（品川から名古屋間）も２０２７年開業予定など、東京はインフラ開発がひと際目立っています。

一方では、大田区も注目エリアです。２０２０年夏頃には、国家戦略特区という位置づけで先端技術と文化の2つを街のコア産業とした、まさに世界の玄関口にふさわしい大規模複合施設「ＨＡＮＥＤＡイノベーションシティ」が開業予定となっており、羽田空港やその周辺エリアが大きく生まれ変わります。

２０１３年の東京オリンピック開催決定に大きな弾みをつけ、特に東京都心部ではこういった国をあげた大規模な再開発プロジェクトやインフラ整備が着々と進行しているため、今後不動産投資のための物件選びの際には、参考にしましょう。

④耐震性

先述の（事前に知っておきたい6つの注意点⑤地震の問題）で詳しくご説明させていただきましたが、この点も外せない条件です。

建築基準法が旧耐震基準から新耐震基準へ改正された1981年6月以降に建設された物件を選ぶことをお勧めします。

⑤設備

この点は特に重要です。次の図は、1980年代、1990年代（バブル期）のワ

現在とバブル期のワンルームマンションの違い

◎1980年頃のワンルームマンション
（一例）

◎バブル期のワンルームマンション
（1990年頃）約17㎡

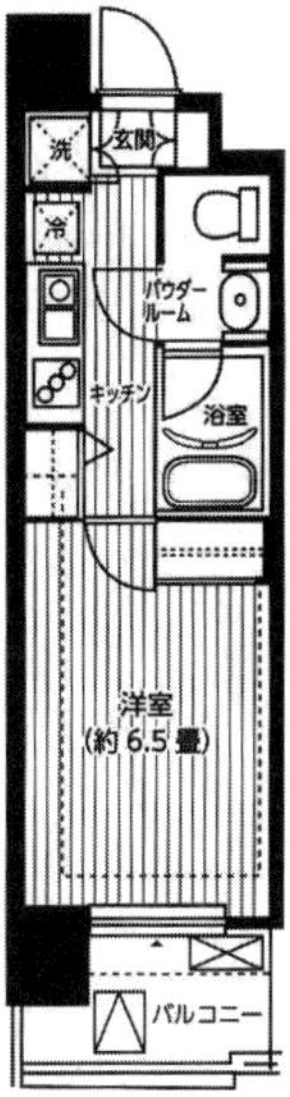

◎現在のワンルームマンションの特徴

【専有部分】

1. 風呂・トイレ別
2. 浴室換気乾燥機
3. 室内洗濯機置場
4. 電気コンロからガスコンロへ
（2口・システムキッチン）
5. 床がカーペットからフローリングへ
6. エアコン標準装備
7. サーモスタット混合水栓
8. 玄関ドア耐震仕様
9. エアタイトサッシ
10. 大型給湯器

【共用部分】

1. 外壁総タイル貼
2. オートロック（カラーTVモニター付）
3. 宅配BOX
4. 管理人室
5. 自転車置場
6. ゴミ置場
7. 防犯カメラ
8. 有料テレビ回線
9. インターネット回線

ンルームマンションの設備と現在のワンルームマンションの設備を比較したものです。現在のワンルームマンションはオートロック、テレビ、インターホン、浴室換気乾燥機、監視カメラ、インターネット回線、トイレ・バス別、2口ガスコンロといった設備があるのが当たり前となっています。物件を選ぶ上では、古い物件が全て良くないというつもりはありませんが、1980年代や1990年代の物件の場合、バス・トイレは分かれていない、オートロックなし、インターホンもなし、ガスコンロではなく電熱調理器、といった設備になっているものが非常に多くあります。不動産投資において極めて重要である賃貸需要に着目していえば、これらの設備の違いは致命傷になりかねません。

労働環境や治安の変化、傾向が強まり続ける晩婚化や離婚率上昇によるソロ社会現象が進行中の昨今、ワンルームマンションの入居者層である単身者の**利便性や快適さ、安全性に対するニーズ**は日々高まり続けています。本書でお伝えさせていただく物件選びの他の条件を満たしていたとしても、設備については妥協せずに選ぶようにしましょう。

⑥マンションの規模

先述の「事前に知っておきたい６つの注意点③修繕の問題」でも詳しくご説明させていただきましたが、所有するマンションの規模、つまり総戸数についても外せない条件があります。**なるべく戸数の多いマンションが良い**とお伝えしましたが、具体的には、30戸以上のマンションを選ぶことをお勧めしています。戸数が多いマンションの方が、修繕積立金が上昇した時でもその増額幅が少なく抑えることができ、不動産投資の運用収支に影響が少ないからです。他の条件を満たしていたとしても、この点もできるだけ妥協せずに選ぶようにしましょう。

複数物件所有で得られるメリット

第5章ではここまで、不動産投資をする上で「事前に知っておきたい6つの注意点」「優良物件の選び方」をお伝えしてきました。では、実際に不動産投資をする場合、1件の所有と複数所有するのとでは、運用の内容や得られる利益はどう変わるのか。医師の皆さんからは、このご質問をいただく機会も少なくありません。結論から申し上げますが、ワンルームマンション投資では**複数物件を所有したほうが運用は安定し利益も増やしやすい**、といえます。複数物件所有のメリットをご説明します。

【複数物件所有の運用メリット】

●運用収支の改善や返済期間の短縮など、資産強化を図りやすい
●売却を含めた選択肢が生まれ、目的や状況に合わせた柔軟な運用ができる
●節税効果、生命保険効果が拡大
●空室問題や天災問題のリスクが分散できる
●相続時の資産分割がしやすい

次ページの運用事例のイメージ図をご覧ください。この図は、一戸所有と複数所有の運用例を比較したものです。複数物件を所有した運用と一戸所有の運用では、将来得られる家賃収入額に差があることがわかります。この図でもっとも大切な点は、家賃収入という安定した利益が得られる時期を、複数物件の運用を同時に走らせることで、大きな自己資金を使わず計画的にコントロールしているところです。

これは5戸を所有し同時に運用する1つの事例に過ぎませんが、医師のように社会

複数運用のメリット

1戸のみ所有

運用例 老後の収入源としてAを所有し続ける

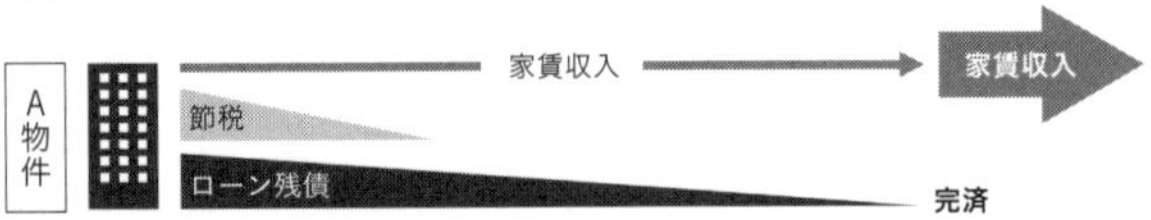

複数（5戸）所有

運用例 AとBの売却益と節税資金を使いCのローン残債を繰上返済し、返済期間を短縮。完済後のCの家賃収入を使いDを繰上返済、返済期間を短縮

【目的】現役中にCとDを収入源とし、Eは生命保険として所有

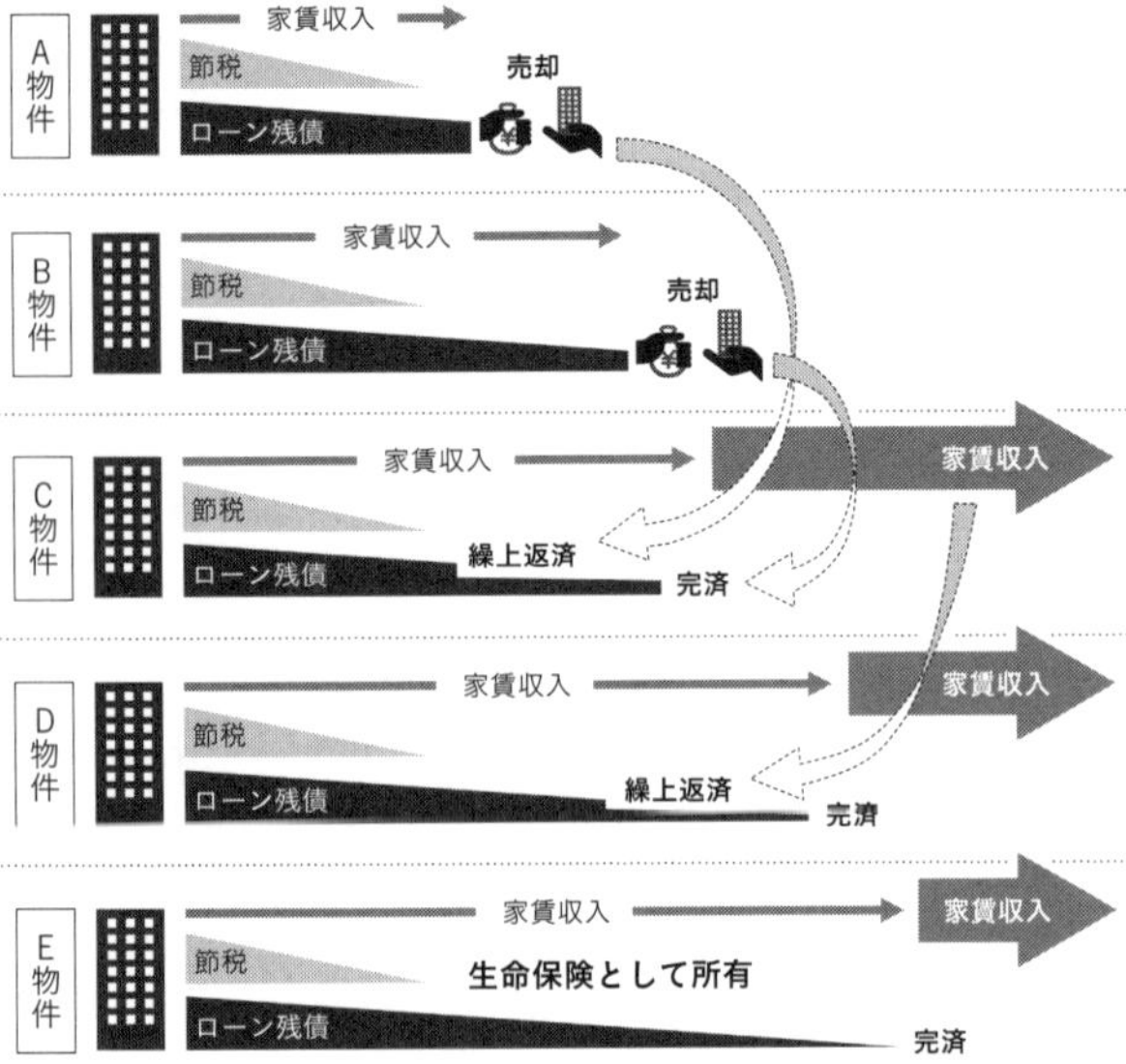

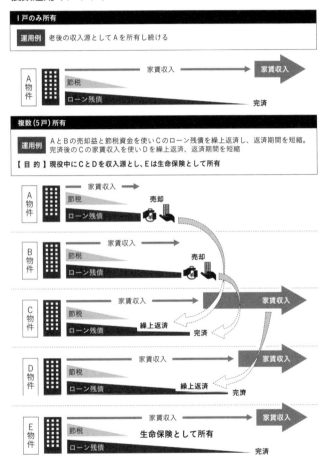

的信用力が高く高所得の方々の中には、第3章の座談会でお話しいただいた医師のお客さまのように医師の3大特権を最大限活用し、運用規模は8戸や10戸といった方も多いです。そういった方々も、ただ闇雲に節税だけを目的として多くの物件を運用されているのではなく、右図の運用例のように、節税対策をしながら得られる利益を加速度的に増やし、老後をより豊かにするための備えとして取り組まれています。

しかし、複数物件所有による不動産投資は、望めば誰でも取り組める訳ではありません。第4章の冒頭で触れましたが、不動産投資に一件所有で取り組むのでさえ限られた一握りの方々が対象であり、その中でも資産を増やせる複数所有は、さらに限られたお立場の方だけが選べる選択肢なのです。

パートナー選びの4つの条件と3つの注意点

本書の最後となるこの節では、不動産投資のパートナーとなる不動産会社の選び方についてお伝えします。まずお伝えさせていただきたいのが、パートナーには、物件選びから管理運営、売却までを安心して任せられる会社をお勧めします。

先述の「事前に知っておきたい6つの注意点⑥管理会社の問題」で詳しくお伝えしましたが、不動産会社がオーナーの資産を守るためには、**一定の経験値やノウハウ**が必要です。これから不動産投資をされる皆さんが、それらを適切に判断するために、安心できるパートナー選びの**「4つの条件」**と**「3つの注意点」**をお伝えします。

①最大のポイント、自社で不動産投資を実践している会社

安心できるパートナー選びの最大のポイントは、その会社が自社で不動産投資をしているかどうかです。不動産投資の内容は会社で異なるかもしれませんが、実践していることが重要といえます。なぜなら、不動産投資の入口から出口まで重要な全てのプロセスで**実体験としてノウハウが蓄積されている**からこそ、オーナーへのアドバイスも総体的な知見に基づく適切なアドバイスや提案ができるからです。

自社で不動産投資を実践していない会社は、オーナーにとって手頃な物件の選び方や、自社が販売することで利益を上げる不動産選びには長けているかもしれませんが、収益性が高くオーナーが運用しやすい不動産かどうかの目線が足りないこともあります。もちろん、自社で不動産投資を実践していない会社全てが悪い会社といっている訳ではありませんが、実践している会社は特にオーナーにとって自身の不動産投資へ

の安心材料が多い、ということです。そういった意味で、自社で不動産投資を行っているかどうかを一度確認してみることをお勧めします。

この最大のポイントである条件を満たした上で、他の３つの条件を満たす会社であれば、パートナーとして安心といえるでしょう。

②経験とノウハウは十分か？　理想は社歴が20年以上の会社

これには大きく２つの理由があります。１つ目は、企業経営の信用性です。

弊社も創業から今までオーナーの皆さんと共に様々なことを乗り越え成長して参りました。社歴が20年を超えているような会社は、１９９５年の阪神淡路大震災の影響や２００５年頃の通称姉歯事件、２００８年から始まるリーマンショックの影響など、事業推進に関わる様々な大きな問題に取り組んできており、それらを乗り越える術を知っています。運だけで生き残れるほど、企業経営は甘くはありません。つまり、それだけ不動産会社として信用に値するということです。

２つ目は、オーナーの売却相談への対応力です。

安定して長く運用を続けていけば、次に選択肢として考えられるのが物件の売却です。所有物件の売却では、中長期的に安定した収益を上げ、適切な時期に売却をして利益を上げることが、不動産投資の１つの王道といえます。しかしこの「利益を上げる売却」については、**社歴が長く売却に関する経験や実績をもつパートナー**が必要です。

例えば、創業して5年ほどの会社は販売実績があるとしても、自社で販売したオーナーの所有物件の売却や買い換えの経験はないことがほとんどです。

不動産投資の中長期的な運用期間を考えると、最低でも15年以上、理想としてはやはり20年以上社歴がある会社を選ぶのが良いでしょう。

③オーナー満足度のバロメーターになる、ご紹介による取引の数が多い会社

一般的に、お客さまが会社を大事な知人や友人を紹介する場合、「あの会社は良い物件を扱っているから」や「担当者がとても親身に対応してくれている」など、何かに一定の評価を頂戴して初めて、その方にご紹介していただくことになると思います。つまり、「ご紹介」のお客さまの多い会社ほど、信頼できる可能性が高い会社だといえます。

自分自身が不動産投資に満足していないのに、大事な知人や友人を紹介するような方は稀です。ホームページでも掲載させていただいておりますが、弊社では今まで、お父さまが不動産投資を運用した後、ご子息をご紹介していただくなど、2世代に渡るお付き合いをさせていただくことも多くございます。

ですから、安心できるパートナーとして会社を見極める場合、その会社はどれくらいの方が紹介で購入しているのかを確認することが、**オーナー満足度を測るバロメーター**になるのです。

ここで第3章の座談会「資産形成に取り組んでいる医師の本音」を振り返ると、1人のお客さまの医師の方が、ご自身で取り組んだ不動産投資に対して当初想像していたよりも内容も成果も良かったので、医大の同期で今でも懇意な友人に不動産会社の担当者を紹介した、といわれています。

このお話から読み取れる満足とは具体的には、所有している不動産からトラブルなく収益が入り続けていること、会社や担当者の情報提供やサポートを含むパートナーシップに不満がないこと、ということではないでしょうか。

④空室対策に強いかどうか？　家賃保証サービスのある会社

不動産投資において一番の問題は、所有物件が空室になり家賃が入らないことです。この問題は、先述した「物件選びで外せない6つの条件」でお伝えしたような、賃貸需要の高い物件を選ぶことで低く抑えることはできますが、空室を完全にゼロにすることはできません。こういったいざという時、しっかりと対応できる**空室対策に強い会社**を選びたいものです。これには、**具体的な判断基準と注意点**があります。

まず判断基準ですが、家賃保証サービスがあるかどうかです。家賃保証が会社のサービスとして整備されているということは、空室対策のノウハウを持っていることを意味します。そのノウハウを持っていない不動産会社がもしパートナーだった場合、安定した不動産投資のネックになりかねません。

また、これには注意点があります。それは、サブリース業者規制法案の存在です。

政府は、近年問題となったマンションを業者が借上げて転貸する「サブリース」を巡る契約トラブル防止のため、業者を規制する新法案を２０２０年6月12日、賃貸住宅管理適正化法を国会で可決・成立させました。

この規制は、賃貸管理業者の国土交通省への登録義務化や、「絶対に損はしない」「35年間の家賃保証」などといった不当な勧誘を禁じることが柱とされています。これに違反した賃貸管理業者には、業務停止命令や罰金を科せられるので、重い処置となります。施行予定は２０２０年12月からといわれています。

パートナー選びの具体的な3つの注意点

ここまで「パートナー選びの４つの条件」をお伝えしてきましたが、最後に３つの注意点を記載します。実際にパートナーを決める前に確認しておきましょう。

①賃貸管理業者に義務化された「重要事項説明」をされたか

・管理業務の内容・実施方法・家賃などの送金方法や振込日・財産の分別管理方法
・管理費の詳細（家賃の○%など）、支払期限、方法
・賃貸管理の契約期間や更新・解除の内容、再委託先
・免責の有無、免責事由

②サブリース契約の内容を説明されたか

・「保証」ではあるが、賃料は見直しや減額になる可能性があること
・保証期間、保証期間変更の可能性、免責事由
・「○○年一括借上」と明記されていても、サブリース契約が途中解除になる可能性があること

③国土交通省に登録されている賃貸管理業者か

・２０２１年６月以降は賃貸管理業者は登録が義務化される（賃貸管理戸数２００戸以下の賃貸管理業者は登録が免除になる予定）

※出典：「国土交通省建設業者・宅建業者等企業情報検索システム」

近年、オーナーを一層守るような法律などもできてきておりますので、選択する上では、より見極めがしやすくなってきております。その都度、事実を明確にお伝えした上で、最終的にはご自身のご判断になると思いますが、予備知識があれば回避できるリスクです。正しいご判断をしていただくために、弊社も最大限のお手伝いができればと思っております。

おわりに

最後までお読みいただき、ありがとうございました。
医師の皆さんに向けて本書を通して、医療業界を中心とした時代の流れやこれからのこと、お金のこと、不動産投資についてのこと、色々とお伝えして参りましたが、いかがでしたでしょうか。

本書の内容は、世界最高といわれる日本の医療体制を日々支える中で、多忙を極めている医師の皆さんに向けて、今後の医師としての指針や将来設計の一助になれば、という想いで執筆しました。数カ月に及んだ本書の執筆作業中の自室では、新型コロナウイルスのパンデミック発生、東京オリンピック開催の延期、マスク不足や日増しに過酷を極める医療従事者の方々の危機的状況を伝えるニュースが毎日のように流れ、政府の緊急事態宣言の発令や自粛生活など、まさに異常事態の連続でした。

いかに医師を中心とした医療従事者の方々の仕事が過酷なものであるかを、改めて痛切に実感しました。この場をお借りして、敬意を表します。誠にありがとうございます。医療従事者の方々の様々な厳しい状況を目の当たりにしたことで、当初からの医師の皆さんの資産形成の一助になればとの想いが一種の使命感のようなものに変わっていきました。

本書を全てお読みいただいた医師の方であればおわかりいただけたかと思いますが、不動産投資をすることが人生を豊かにするための手段として全てではありません。ただ私は、医療業界の変革期を目前にした今だからこそ、医師が自身の生き方や家族、資産を守るための1つの選択肢として、お役に立てる可能性が高いと考えています。

また、今まさに不動産投資の取り組みをご検討されていらっしゃる医師の方の指針や参考書となれば、誠に幸甚です。もし実際にお取り組みを検討されておりましたら、弊社でもご対応可能ですのでお気軽にお問合せください。

※会社の方針として、しつこい売り込みは一切ございませんので、ご安心ください。

最後に、本書制作にあたり座談会取材に快くご協力していただきました弊社顧客の皆さま、そして度重なる修正やご相談に対してもベストを尽くして下さった出版社の皆さま、本書制作を真剣にサポートしてくれた弊社担当猿橋社員、串間社員、村石社員、全ての方々に御礼申し上げます。

本書をお読みの方の変わらぬご活躍をお祈りして。

２０２０年７月　コロナ禍の執筆を共にした自室にて

株式会社ＳＲコーポレーション代表取締役　金沢文史郎

【著者略歴】

金沢文史郎（かなざわ・ぶんしろう）

株式会社SRコーポレーション代表取締役。不動産投資の営業職を経て、95年に創業。医師をはじめとした富裕層の顧客を多く抱え、口コミや紹介をメインに経営を続けている。お客様目線を重視し、顧客が実際に顧問職や社員として入社するなどのケースもある。不動産投資会社の中ではあまり例がない、25年続いている実績と蓄積されたノウハウで顧客の支持を集めている。

※本書は投資の参考となる情報提供を目的としています。投資にあたっての意思決定、最終判断はご自身の責任でお願いいたします。本書の内容は2020年8月14日現在のものであり、予告なく変更されることもあります。また、本書の内容には正確を期する万全の努力をいたしましたが、万が一、誤りや脱落などがありましても、その責任は負いかねますのでご了承くださいませ。

医師《いし》が今《いま》知《し》っておくべき
生涯《しょうがい》役《やく》立《だ》つお金《かね》の予備《よび》知識《ちしき》

2020年9月11日　初版発行

発行　**株式会社クロスメディア・パブリッシング**

発行者　小早川 幸一郎

〒151-0051　東京都渋谷区千駄ヶ谷4-20-3 東栄神宮外苑ビル

http://www.cm-publishing.co.jp

■本の内容に関するお問い合わせ先 …………………… TEL (03)5413-3140 ／ FAX (03)5413-3141

発売　**株式会社インプレス**

〒101-0051　東京都千代田区神田神保町一丁目105番地

■乱丁本・落丁本などのお問い合わせ先 ……………… TEL (03)6837-5016 ／ FAX (03)6837-5023

service@impress.co.jp

（受付時間　10:00～12:00、13:00～17:00　土日・祝日を除く）

※古書店で購入されたものについてはお取り替えできません

■書店／販売店のご注文窓口

株式会社インプレス　受注センター …………………… TEL (048)449-8040 ／ FAX (048)449-8041

株式会社インプレス　出版営業部 ………………………………………… TEL (03)6837-4635

カバーデザイン　城匡史（cmD）

校正・校閲　konoha

印刷・製本　株式会社シナノ

図版作成　長田周平

本文デザイン　安井智弘

ISBN 978-4-295-40413-2 C2034